다시
해석하는
고객
만족

다시 해석하는 고객만족

1판 1쇄 펴낸 날 2020년 2월 13일

지은이 안태용, 정진희, 박진호
펴낸이 나성원
펴낸곳 나비의활주로

기획편집 유지은
디자인 design BIGWAVE

주소 서울시 강북구 삼양로 85길, 36
전화 070-7643-7272
팩스 02-6499-0595
전자우편 butterflyrun@naver.com
출판등록 제2010-000138호
상표등록 제40-1362154호

ISBN 979-11-88230-93-8 03320

다시 해석하는 고객만족

안태용, 정진희, 박진호 지음

나비의 활주로

프롤로그

4차 산업혁명 시대,
가장 바람직한 CS는 어떤 형태일까?

AI(인공지능), 사물인터넷, 자율주행차, 드론 등 몇 년 전부터 4차 산업혁
명이 회자되고 있다. 사회의 모든 분야에서 4차 산업혁명을 염두에 두
고 대비하지 않으면 도태될 것 같은 분위기이다. 그래서 더욱 관심을 가
지고 다가올 미래를 주도하고 싶어졌고 여기에 대한 호기심이 생기기
시작했다. 그렇다면 '1,2,3차 산업혁명의 모습은 어떠했을까?'부터 살펴
보았다.

　1차 산업혁명은 18세기에 증기기관으로 기계화 혁명을 이룩하여 영
국의 섬유공업이 거대한 산업으로 자리매김한 것이었다. 2차 산업혁명
은 18세기와 20세기 초 사이에 전기 에너지를 기반으로 한 공장의 컨베
이어 벨트를 이용한 대량 생산시기를 의미한다. 3차 산업혁명은 20세기
후반의 컴퓨터와 인터넷 기반의 지식 정보혁명으로 IT 혁명이다.

그리고 2015년경부터 시작된 사물인터넷과 인공지능 기반의 4차 산업혁명은 초연결, 초지능화에 따른 혁신이라고 한다. 1, 2차 산업혁명이 인류에게 물질적 풍요를 안겨 줬다면, 3, 4차 산업혁명은 인류에게 생활 전반의 변화를 도모한다. 양적인 팽창에서 질적인 팽창으로 변화가 일어나고 있다. 그러한 변화의 대상이나 매개체는 기계와 기술이다. 그러면 그 주체는 무엇일까? 바로 사람이다. 사람이 변화시키고, 사람이 변화된 상황 속에서 만족할 수 있다. 결국 수차례의 산업혁명은 모두 사람을 향한 것이다.

1,2차 산업 혁명기의 양적인 팽창이 있었지만 모든 사람이 누리기에는 부족한 상황이었다. 2차 산업혁명기 후반부터는 물질의 잉여로 인해 무게중심이 수요자인 사람에게 쏠리고, 거대해진 기업으로부터 고객을 보호하는 움직임이 일어났다. 정부로부터 나온 게 소비자관련 법령이고, 기업 자체에서 반성을 통한 지속적인 성장을 위해 나온 것은 바로 CS Customer Satisfaction이다. 소비자 보호 관련 정부기관도 들어섰고, 기업마다 CS관련 부서가 하나쯤은 생겨나기 시작했다. '고객이 왕이다'라는 말이 회자되고 마치 소비자 만능의 시대가 온 듯한 착각이 들 정도였다. 이러다 보니 과잉보호를 받은 고객들은 '진상 고객'이니 '블랙컨슈머'니 하는 극단적인 모습을 보이는 경우도 있었다. 이로 인해 선량한 고객이 피해를 보는 것을 방지하기 위해 블랙컨슈머에 대한 대응도 강력해져서 법적인 공방도 벌이고 있다.

산업혁명이 단계별로 진행되는 과정 속에서 고객의 입장도 변화해 오고 있었다. 그러다가 이제 4차 산업혁명을 맞이하게 되었다. 이런 상황 속에서 기업과 고객의 접점에서 수년간의 CS 강사와 CS 업무를 담당하던 필자들은 고민에 빠져들기 시작했다. 기업들이 CS 교육을 줄이고, CS 업무도 축소하며 심지어 그 부서마저 없애는 상황이 발생한 것이다. 혹자들은 이제는 CS가 완성되어 더 이상의 CS는 필요가 없다고도 한다. 그러나 영업, 마케팅, 관리의 모든 것이 CS인데, 정작 달은 보지 않고 그 달을 가리키는 손가락만 보고 있는 형상이 되어버린 듯하다.

무엇이 문제일까? 기업일까, 고객일까? 아니면 사회일까? 원점에서 검토해보기로 했다. 기업, 고객, 사회의 입장에서 그간의 CS에 대해서 다시 한 번 생각해 보고 재해석해보기로 했다. 또한 이러한 고민을 많은 사람과 공유할 수 있도록 시간과 노력을 투자하여 전파하기로 했다. 필자들의 진심을 알아본 네이버에서도 세상에 처음 있는 일이고 신선하다면서 흔쾌히 오디오 팟캐스트의 한 코너를 할애했다. 이렇게 시작한 것이 바로 네이버 오디오클립 '다해써(다시 해석하는 서비스)'이다. CS 사례를 발췌하여 같이 토론하고 고민하는 과정에서 감동과 즐거움을 함께 했고, 때로는 화나고 속상한 상황도 있었다. 현장에서 발생한 사례는 정말로 다채롭고 다양했으며 생각지도 못한 경우도 있었다. 고객에게 폭행당하는 직원들의 사연과 이익만 챙기기만 급급한 기업들의 사연을 접할 때에는 가슴이 아프고 안타까웠다.

대한민국 모든 국민과 기업이 웃고 행복해지는 것이 다해써의 모토이다. 그런 만큼 CS 분야에서 현장을 누비며 분석과 방향성을 제시하고 의견을 모은 지도 1년이 훌쩍 지났다. 지치지 않고 열심히 달려올 수 있었던 것은 오디오클립 애청자들의 관심과 사랑이 있어서이다. '고맙다'는 댓글과 '좋아요'라는 이모티콘을 받을 때의 보람은 이루 말할 수 없었다. 골드러시 때 금광을 발견하기 위해 몰려드는 사람들을 위해 청바지를 만들어 파는 것처럼, 4차 산업혁명에서의 기업과 개인이 성공할 수 있도록 다해써가 작은 보탬이 되고자 한다.

이런 마음으로 이번에 그간의 오디오클립에서 다뤘던 내용들과 세 명이 각자의 영역에서 CS의 현장 경험을 바탕으로 이 책을 집필했다. 부득이하게 오디오클립을 청취하기 곤란하거나 여건이 안 되는 분들을 위해서이다.

원고를 쓰면서 그간의 자신을 돌아보는 계기가 되었다. 더불어 자신의 행적을 세상에 내놓는 것은 자랑스럽다기 보다는 부끄러움이 앞선다는 것을 새삼 깨닫게 되었다. 하지만 그런 부끄러움을 무릅쓴 것은 바로 조금이나마 세상에 보탬이 된다는 희망이 있기 때문이다. 이 책이 나오기까지 매일매일 바쁜 강의 일정에도 밤잠을 줄여가며 집필해주신 정진희, 박진호 님께 감사드리며, 좋은 책으로 출간하기 위해 애써주신 나비의활주로 나성원 사장님과 편집을 진행해주신 유지은 님에게 감사드린다.

안태용

CONTENTS

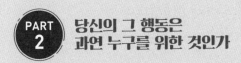

PART 4 사례로 살펴본 다시 정의해보는 진정한 고객 만족

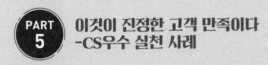

PART 5 이것이 진정한 고객 만족이다
-CS우수 실천 사례

PART1

고객 만족은
친절이 아니다

CHAPTER 1

제대로 된 고객 만족을 위한 한 가지 포인트

"매우 만족과 만족의 차이는 도대체 뭡니까! 고객이 만족했다고 하면 된 거 아닌가요?"

CS 강사 3년차였던 당시, 필자는 거친 숨을 몰아쉬면서 항의하였다.

"진정해 정 강사, 일단 물 한잔 마셔."

필자가 흥분한데에는 이유가 있었다. '매우 만족' 100%가 나와야 서비스 기사 분들이 인센티브를 받을 수 있는데, '만족'으로 평가받은 1개 때문에 혜택을 받지 못하는 직원이 있다는 사실을 알게 되었기 때문이었다. 거울 속에 비친 내 모습은 화를 참지 못해 폭발하기 직전의 화산처럼 격양되어 있었다.

하지만 처음부터 필자가 이렇게 거친 것은 아니었다. 15년 전 처음 강사가 되었을 때는 일에 대한 열정과 열의는 기본이었고 누구에게나 늘 친절한 모습으로 대하곤 했다.

"웃는 얼굴에 침 못 뱉는다고 했습니다. 조금 더 밝은 표정 지어보세요."

"명함은 두 손으로 정중하게 전달하세요."

당시 CS의 기본은 밝은 표정, 용모 복장 등 비즈니스 매너를 갖추고 서비스 매뉴얼에 따라 행동하는 것이었다. 신입직원들이 입사하면 '회사의 이미지는 당신들이 만드는 것이다'라면서 회사에서 월급 받는 이상 원하지 않아도 회사가 원하는 이미지를 갖추라고 강의하곤 했다. 지금 생각해보면 당시 감정 노동 유발을 했던 건 아니었는지 싶기도 하다.

강사로서 나의 첫 직장은 한 전자회사 계열사인 물류회사였다. 그래서 제품을 구입한 고객에게 배송을 해주고 설치해주는 기사 분들을 대상으로 강의했다. 사람들은 제품을 구입하겠다고 마음먹었을 때보다 구매하러 다닐 때 더 설렌다고 한다. 하지만 그보다 더 설레고 기대되는 것이 있다면 제품을 구입하고 배달해서 내 손에 들어오기까지 그 기다리는 시간이 아닐까? 그래서 MOTMoment Of Truth(고객 서비스를 할 때 상품, 영업, 방문 등의 접촉을 통해 기업에 대한 인상을 바꾸는 상황에 직면하는 것을 의미)의 가장 마지막 접점이라고 할 수 있는 설치 및 배송 단계에서의 고객서비스는 결코 쉽게 넘길 수 없다.

혹시 고객의 입장에서 생각해 본 적이 있는가? 나도 고객의 입장에서 고객 만족도 조사에 참여해본 적이 많다. 가전제품 구매 후 설치기사가 친절하게 설명을 해주고 돌아가기 전에 고객 만족도 조사 전화를 받으면 반드시 '매우 만족' 했다는 답변을 달라고 신신당부를 한다. 조금 심한 분들은 매우 만족이 새겨진 어깨띠를 매고 제품 사용 설명을 하기도 하고, 번쩍이는 LED 이름표에 매우 만족이라는 문구가 빛나고 있기도 하다. 심지어 나에게 몇 번이고 간절하게 부탁하기도 한다. 고객 만족도 평가에 나오는 매우 만족, 만족, 보통, 불만, 매우 불만 중 매우 만족 꼭 선택해달라고 말이다. 이는 평가 하나에 대응하는 이들의 월급이 달라질 수도 있기 때문이다.

'고객 만족도를 조사한다'는 것은 말 그대로 제품을 구입하고 이용한 고객들을 대상으로 만족도를 확인하는 것이다. 하지만 이 조사에는 한계가 많다. 친절하게 응대해준 기사가 설치 종료 후 집 밖을 나갈 때까지 '매우 만족'을 꼭 해주셔야 한다는 말을 몇 번 반복을 하며 마음의 부담을 주기 때문이다. 그런데 실제 일상에서 우리는 '매우 만족'이라는 단어를 얼마나 자주 사용할까?

'만족은 왜 100점이 아닌 것으로 평가가 되는 것일까?'

'그런 부탁이 고객의 마음을 불편하게 하고 있다는 것을 알고는 있을까?'

'우리 직원들도 밖에서 이런 식으로 행동하겠지?'

새내기 강사 시절, 당시 일주일에 한 번 강의했다. 남성 위주의 조직인지라 많은 배려를 받곤 했다. 그래서 어떠한 실수를 하더라도 다 이해해주고 넘어가주시곤 했다. 그런데 시간이 조금씩 지나고 강단에 서는 횟수가 늘어갈수록 강의를 듣는 기사 분들의 태도가 좋지 않음을 느낄 수 있었다. 하루는 제일 편안한 인상을 가진 분께 조심스럽게 다가가 말을 걸었다.

"제가 강의 준비를 하려는데 어떤 내용이 좋으세요?"

그는 내게 이렇게 말했다.

"현실감 있는 강의요. 이론 말고, 현장에서 적용할 수 있는 그런거요."

난 머리를 한 대 맞은 듯한 기분이었다. 여태껏 내가 했던 것은 현실감이 떨어지는 강의였다는 말인가? 심장이 두근거리고 얼굴이 빨개져 버렸다. 다음 강의를 어떻게 준비해야할지 머릿속이 하얘졌다. 이런 나의 심정을 눈치채셨는지 그분은 나에게 시간을 내서라도 현장에 한번 꼭 가보라고 권하셨다.

사실 입사하자마자 현장에 두세 번 다녀오긴 했는데 그때는 아무것도 모른 채 그냥 형식적인 것이었다. 하지만 당시에는 남다른 심정이었다. 300명 가까이 되는 교육생들의 마음을 사로잡지 못하면 앞으로 강사생활이 힘들 것 같다는 부담이 파도처럼 밀려들었기 때문이다.

그래서 결심 후 일주일에 두세 번은 점심시간 때쯤 그들이 있는 현장으로 나갔다. 가전제품을 설치할 곳에 같이 방문해서 고객 분에게 정중하게 말씀드렸다.

"안녕하세요. 저는 CS 강사 정진희라고 합니다. 오늘 설치해주시는 기사님은 저희 센터에서 가장 고객칭찬을 많이 받으시는 분이세요. 현장에서 일하시는 모습을 사진에 담아 신입 직원들 교육 자료로 사용하려고 합니다. 괜찮으시다면 저희 기사님께서 일하시는 사진 몇 장만 촬영해도 될까요?"

이 말은 사실이 아니다. 대체적으로 현장답사를 나가는 대상은 매우 만족도가 떨어지는 분들이다. 하지만 고객들에게 이렇게 먼저 인사드리고 나면 고객들이 더 고마워하시고 칭찬을 많이 해주셨다.

지금도 생각나는 고객이 있다. 한번은 마당이 있는 주택에 사시는 할머니 한 분이 우리를 맞이해 주셨다. 그런데 대문이 너무 좁아 커다란 가전제품이 도저히 들어갈 수 없었다. 그래서 담으로 제품을 넘겨 겨우 집안에 설치했다. 할머니께 사용 설명을 해드렸고 인사를 드리고 가려고 하는데, 글쎄 밥을 먹고 가라고 하시는 게 아닌가. 세상에나! 기사님이 설치하고 있는 동안 할머니께서는 마당에서 키우는 상추와 고추 등을 따서 찌개와 밥을 차리고 계셨던 것이었다. '고생했다'는 마음에서 비롯된 정성이었다. '아직도 이런 분이 계시나? 아직 세상은 살만 하구나' 하는 생각이 들었다.

기사님들은 "가끔은 이런 분들을 만날 수 있지요"라고 말씀하셨다. 하지만 물 한잔 달라고 하기에도 눈치 보이는 경우가 더 많다고 하소연하셨다. 맞는 말이다. 이런 다양한 고객들을 상대하는 분들을 어떻게 표준화된 매뉴얼로 교육할 수 있다는 말인가! 더불어 이런 상황에서 과연 기사 분들을 정당하게 평가할 수 있는지도 궁금하다.

이렇듯 제대로 된 고객 만족을 위해서는 현장을 알아야 한다. 현장에서 적용할 수 있는 강의를 해달라는 것은 바로 이런 것이었다. 그런 계기를 통해 현장을 다니며 숫자로 셀 수 없을 만큼 많은 고객들을 만났고, 그만큼 다양한 상황과 성격의 고객들을 그들과 같이 응대했다. 처음에는 불편해하던 직원들도 몇 번 현장에서 만나고, 나와 동행했던 날에는 고객 평가가 높게 나오다 보니 너무 좋아하셨다. 나의 현장 방문 회수가 늘어갈수록 나의 강의 만족도 또한 높아져간 것도 물론이다.

CHAPTER 2

4차 산업혁명 시대, CS 교육은 정말로 필요가 없을까

'CS 교육은 필요 없다. 하지만 우리 회사는 고객 만족을 우선순위로 하는 기업이다.'

'뭐 이런 말도 안 되는 소리가 다 있느냐'는 생각이 들 수 있겠지만 이 말에 은근히 공감하는 사람들이 많을 것이다. 많은 기업들은 매년 고객 만족 1위를 외치며 고객을 중요시하고 고객 만족을 위해 앞장서겠다는 선서를 하기도 한다. 하지만 현실은 어떠할까?

"안녕하세요. 고객지원부 강사 정진희입니다. 저희가 이번에 CS 교육을 지원하고자 연락드렸습니다."

이는 CS 강사가 강의를 권유하는 멘트이다. 회사에 고객 만족 부서는 실적을 위해 CS 교육을 해야 하지만 실상 적극적으로 CS 교육을 받겠다는 팀은 없다. 여기저기 전화를 하고 메신저를 보내고 공문을 통해 CS 교육을 신청하라고 독려하지만 그 어디에서도 소식은 들리지 않는다.

"CS 교육이요? 그거 다 알아요."

"저희 팀은 너무 바빠서 교육받을 시간이 없어요."

"그런 것은 신입 직원들이 받는 것 아니에요?"

이렇듯 '고객 만족 1위를 목표로 하겠다'는 조직에서조차도 어느 하나 먼저 교육이 필요하다고 연락해오진 않는다. CS 교육은 필요 없거나 아니면 신입직원이 받아야 하는 교육이라고 생각한다. 그런데 성과를 만들기 위해 내부 직원 전화 친절 평가를 시행한다. 전화는 이렇게 받으면 된다고 스크립트까지 다 만들어서 공문을 띄워놓는다. 그런 다음 초등학생도 알아챌법한 질문을 하는 전화가 걸려온다.

직원 : "네, ○○팀입니다."

평가자 : "여보세요? 제가 그 회사를 찾아가려는데 어떻게 가면 되죠?"

직원 : "뭐라고요? 이 번호 어디서 알려줬어요? 여기는 이런 거 안내하는 곳 아닙니다."

뚜뚜 뚜뚜….

거짓말 같은 이야기라 여겨지는가. 이는 실제로 일어나는 일이다. 스크립트에 예시까지 다 적어놔도 읽어보지도 않는다. 전화 받는데도 무슨 교육이 필요하냐는 반응이 대부분이다. 하지만 모든 부서의 전화 모니터링 만족도 결과가 나오는 순간 갑자기 전화와 메신저가 빗발친다. 자신들은 모니터링 하는 줄은 몰랐다면서 말이다.

이는 필자가 잠시 몸담고 있었던 기업, 그것도 고객 만족 대상을 받았던 기업의 현실이다. 이렇듯 직원들은 전화 하나 제대로 받질 못한다. 그저 금감원 민원만 안 들어오면 되고 협회와 같은 단체에서 1위 수상을 하기 위해 비용을 지불하는 것에만 집중할 뿐이다.

새내기 시절에는 협회 고객 만족 대상이 대단한 걸로 착각했었다. 하지만 이런 상들은 다 비용을 내고 받는 것을 알고 난 뒤로 각종 언론 매체에서 광고하는 '소비자 대상', '고객 만족 1위'라는 현란한 문구에 속지 않는다. 물론 만족한 고객이 많겠지만 만족도를 평가해주는 고객들도 회사에서 정해준 데이터베이스로 설문조사를 한다면 정말 고객 만족도 조사가 진정성이 있을까?

가장 이상적인 CS가 무엇인지 깊이 생각해본 적이 없어도 좋다. 그렇더라도 적어도 전 직원이 CS를 결코 가볍게 여기지는 않아야 한다. 교육을 주관하는 연수원에서 교육 과정이 생기면 CS는 항상 나중이다. 늘 이리 치이고 저리 치이다가 결국 2박 3일 안에 도저히 시간이 부족해 CS를 빼는 일도 다반수이다.

직원들은 CS 교육 시간은 좋게 말해 재미있는 시간, 좋지 않게 말하면 쉬는 시간이라고 여기는 듯하다. 다시 말해 가벼운 마음으로 시간을 때운다고 여긴다. 물론 'CS 교육을 통해 고객 응대 또한 즐겁게 하라'는 뜻도 있지만 어떻게 하면 참가자들이 더 집중할 수 있을지, 더 만족할 수 있을지를 늘 고민하는 CS 강사들의 노력이 수반된다. 하지만 이런 강사들의 노력은 제대로 파악하지 못한 채 CS 교육이나 CS 전문 강사마

저도 가볍게 여기는 조직도 있어 안타깝다.

그렇다면 CS 교육은 정말 필요 없을까? 그렇지 않다. CS는 단순한 친절을 말하는 게 아니다. 그렇지만 많은 사람들이 친절이 CS라고 생각하기 때문에 교육이 필요 없다고 여기는 듯하다. 물론 고객 만족 요소에 친절하게 응대하는 것이 빠질 수는 없다. 하지만 고객 요구(니즈)에 맞춰 그들이 원하는 것을 정확하게 제때 해주는 것, 그것이야말로 고객 만족이 아닐까?

★ 이니스프리 '혼자 볼게요' 고객 바구니의 모습

실제로 필자는 과한 친절을 원하지 않는다. 직원들은 고객 응대를 하기 위해 다가오지만 너무나 부담스럽기 때문이다. 목적 없이 그냥 구경할 수도 있는 것인데, 직원이 가까이 다가오면 왠지 사야할 것 같아 마음이 불편해진다. 이런 고객의 마음을 이해하고 도입한 것이 '혼자 볼게요' 바구니이다. 실제 도움을 받고 싶은 고객과 그렇지 않은 고객이 서로 다른 컬러의 바구니를 들고 쇼핑하면 직원은 도움이 필요한 고객에게 친절하게 응대한다.

이 서비스는 도입된 지 얼마 되지 않아 많은 이들에게 폭발적인 반응을 일으켰다. 마치 기다렸다는 듯 말이다. 이는 대다수의 고객들이 직원들의 과한 응대를 부담스럽게 느껴왔음을 보여준다. 고객 만족은 바로 경험으로부터 나오는 것이다. 내가 경험하지 못했다면 기대조차 하지 않는 것이지만, 내가 한번이라도 만족스러운 서비스를 접했다면 다른 곳에서도 그때의 경험을 떠올리며 기대하는 것은 어찌 보면 당연한 것이 아닐까?

고객이 경험하는 서비스의 수준은 갈수록 높아지고 다양해지고 있다. 이런 상황은 제대로 파악하지 못하고 신입직원 때 한번 받았던 그 친절 교육이 지금의 CS 교육이라고 생각하는 임원이나 실무자들이 제일 문제가 아닐까 싶다. 아직도 CS 교육이 그저 시간 낭비이고 필요 없는 것이라 생각되는가? 그렇다면 당신의 조직은 머지않아 큰 위기를 맞이하게 될지도 모른다.

CHAPTER 3

고객에 대해 몰라도
너무 모르는 기업의 현실

'고객 알기 제도'라는 게 있다. 이는 금융기관에 계좌를 새로 개설하거나 2천만 원 또는 1만 달러 이상의 금융거래를 할 때 주소와 연락처를 밝혀야 하는 제도이다. 자금 세탁이나 불법거래 혹은 자금 거래를 사전에 차단하기 위한 조치로서 2006년 시작되어 지금까지 시행되고 있다.

이런 고객 알기 제도를 CS의 관점에서 생각해본 적이 있다. 고객의 이탈을 사전에 차단하기 위한 조치로 고객 알기 캠페인을 해보는 것에 대해서 말이다. 회사에서 일하며 느낀 것이 있다면 구성원들이 '고객에 대해 몰라도 너무 모른다'는 사실이다. 아니 정확하게 말하면 회사의 입장에서 만들어놓은 서비스 규정인 '우리가 제공하는 서비스는 이것이다. 매우 만족하는가?' 하면서 고객을 끼워 맞추려고 하고 있는 것이 아닐까 싶을 정도이다.

모든 고객을 다 만족시킬 수는 없겠지만 적어도 모든 직원이 한번쯤은 고객을 응대해봐야 한다. 고객 접점에서 일하는 사람만이 고객을 응대하고 고객의 니즈를 파악해야 한다는 것은 상당한 착각이 아닐까? 현실에 맞지 않는다고 생각할 수도 있겠지만 모든 직원들이 콜센터나 고객창구에서 한 번쯤은 직접 고객을 응대해 보았으면 한다. 이왕이면 신입직원 교육 때 한 번, 중간관리자 진급할 때 한 번, 부서 책임자로 진급할 때 한 번 정도 경험하면 좋을 것 같다.

과연 파격적인 도전을 하는 기업이 앞으로 생길까? 아마도 회사에서 이런 얘길 한다면 말도 안 된다고 단호하게 거절할 것이다. 하지만 고객을 알기 위해 책상에 앉아 직원들끼리 머리를 맞대고 있는 것보다는 고객의 의견을 직접 듣고 직접 응대해보면 고객에 대해 더 깊이 이해할 수 있게 된다.

현재 필자는 한 헤어숍을 지정해 놓고 이용하지 않는다. 아직까지도 마음에 쏙 드는 그런 디자이너와 헤어숍 서비스를 찾지 못해서 이리저리 좋다는 곳을 추천받아 다녀보기 때문이다. 친구들에게 물어보면 대부분 단골 헤어숍 한 곳을 정해두고 다니고 있었다. 아마도 대부분 사람들이 그러지 않을까 싶다.

몇 년 전 필자도 단골 헤어숍이 있었다. 그곳은 서비스가 참 좋았다. 특히 한 명의 디자이너가 여러 명의 손님을 동시에 시술하지 않았다. 예를 들어 내가 펌 시술을 받고 있을 때는 중간 중간 다른 손님의 헤어커팅 정도는 진행한다. 이렇듯 돈을 벌기 위해서는 많은 고객들의 머리를 해주는 것이 좋겠지만 어떤 이유 때문인지 몰라도 그곳은 내가 끝날 때까지 담당 디자이너는 다른 고객을 받지 않았다. 그래서 100% 예약제로 시행되었고 물론 그만큼 가격이 비싸긴 했다. 지금으로부터 5~7년 전이었지만 그 당시에도 그 미용실은 노쇼(고객이 예약을 해 놓고 예약을 취소하지도 않고 가지도 않는 것)는 절대 하지 말아 달라고 예약 당시 늘 당부하곤 했다.

처음부터 끝까지 오직 나에게만 집중하는 디자이너와 스태프의 작업은 결국 만족할만한 결과로 이어졌다. 또 한 가지, 헤어 시술을 받고 난 다음, 며칠 뒤 디자이너에게 직접 연락이 와서 헤어스타일이 마음에 드는지 다시 한 번 확인하곤 했다. 이 헤어숍 이외에 다른 곳에서는 이런 해피콜을 받아본 적이 없었다.

헤어 시술을 받은 당일에는 정말 마음에 들고 괜찮았는데, 며칠이 지나 머리를 감고 나면 시술 받았던 당시의 스타일과는 많이 다른 느낌이 나올 때도 있다. 또는 염색하고 나서 며칠도 안 되어 색상이나 느낌이 확연히 달라지기도 한다. 이런 여러 가지 변수가 생길 수 있기 때문에 이 헤어숍은 고객 사후관리까지도 결코 소홀하지 않았던 것이다. 지금 그곳은 아쉽지만 거리가 너무 멀어서 가지 못한다. 그래서 그런 세심한 서비스와 매우 만족할만한 결과물을 시술해줄 헤어숍을 찾는 중이다.

고객 만족은 고객이 무엇을 원하는지 아는 것에서부터 시작한다. 시대가 변함에 따라 고객이 원하는 것도, 기대하는 서비스 수준도 상당히 높아지고 있다. 고객 만족을 위해 최고의 서비스를 제공하기보다 오히려 고객 불만이 생기지 않게 유지하는 것이 더 나을지도 모른다.

필자가 고객 서비스를 잘한다고 인정하는 한 보험 판매 설계사가 있다. 나는 보험 판매를 해본 적은 없지만(보험 설계사가 되려면 일정 자격이 필요하다) 보험회사에서 CS 강사로 근무한 적이 있었다. 가끔 보험 설계사들을 대상으로 강의할 때면 이들에게 배우는 것이 훨씬 더 많았다. 나도 나름 고객 만족을 위해 열심히 공부하고 연구하고 있다고 여기고 있었지만, 이분들은 말 그대로 현장에서 발로 뜀으로써 고객 만족을 실천하고 있었기 때문이다.

보험 설계사들은 정말 세심하게 고객의 일상을 챙기곤 했다. 가족 구성원이 어떠한지 거의 다 알고 있었고 또 그 가정의 소득에 맞춰 보험을 설계해주었다. 경조사까지 다 챙겨주는 꼼꼼한 분도 계셨다. 전화나 문자 메시지로 안부를 주고받는 것은 기본이었다. 물론 MMS 자동 문자를 이용하는 경우도 있겠지만, 이런 것 또한 관계를 유지하는데 도움이 된다고 생각한다.

물론 설계사로 인한 불만도 많은 것이 사실이다. 계약하기 전까지는 하루가 멀다 하고 연락해오다가 막상 보험을 가입하고 나니 연락을 안 하는 경우도 있고, 또 보상을 받을 줄 알았던 내용이었는데 보험금 청구를 하면 해당이 안 되는 일도 있다. 이런 불완전 판매나 고객관리 소홀로 고객이 불평을 한다. 하지만 대다수의 분들은 정직하게 보험을 설계해주고 남들보다 조금 더 많이 고객과 관계를 맺는 분들이 소개에 소개가 이어지고 나아가 높은 연봉을 받기도 한다.

회사에서 있었던 일이다. 내가 속해있던 팀은 생일날 당일 4~5시쯤

팀원들과 간단하게 간식을 먹으며 팀의 생일을 축하해주곤 했었다. 하루는 팀장님의 생일이었는데 아침에 가족에게서 '생일을 축하한다'는 말 한마디 못들었다며 내심 서운해 하고 계셨다. 팀원들은 오후에 우리가 챙겨드리겠노라고 위로해드리고 있었다. 때마침 팀장님의 문자 메시지가 울렸다. 그 문자는 '생일 축하한다'는 내용의 한 보험 설계사의 메시지였다. 누가 봐도 MMS 자동 문자였지만 팀장은 '가족보다 보험 설계사가 낫네'라며 웃으셨다.

사실 생일에 문자 메시지 보내고 자동 이메일 예약을 걸어놓고 발송하는 것은 대단한 일이 아니다. 하지만 누군가에게는 '나를 기억하고 있다'는 사실만으로도 만족을 줄 수 있고 감동을 줄 수 있지 않을까?

나에게 컨설팅을 받는 업체에서 자주하는 말이 있다. '고객 만족은 자신 있어요. 그러니 마케팅만 신경 써주세요.'

하지만 내 생각은 다르다. 마케팅과 CS는 상호작용하는 것이다. 그래서 어느 하나 소홀해서는 안 된다. 고객 응대가 쉬울 수 있어보여도 가장 어려운 것임을 기억해야 한다. 고객 만족에는 해답은 있을 수 있지만 정답은 없기에 고객에 대해, 고객을 알기 위해 많이 연구하고 공부해야 한다. 가장 어려운 것은 늘 흔들리는 고객의 마음을 사로잡는 것이다. 그래서 마니아들을 더 많이 확보한 브랜드가 탄탄하게 성장하는 게 아닐까?

CHAPTER 4

CS의 시작은
과연 어디서부터인가

새내기 강사 시절 이야기이다. 강사이지만 강의는 많은 편이 아니었고 강의 이외에 해야 할 것들이 많았다. 처음이라 모든 것이 다 서툴렀고 시키는 것을 하는 것이 당연하다고 생각했던 때였다. 내 업무 중 하나는 '굿모닝 세리머니(이하 G.M.C)'라는 것이 있었다.

G.M.C는 의무가 아니지만 시행보고서를 제출하면 본사 평가 시 가점이 있었다. 그러다보니 각 지역 센터 마다 자유롭게 시행했었다. 내가 근무했던 지역은 매주 G. M. C를 했었다. G. M. C는 이른 아침부터 식사도 제대로 챙겨먹지 못하고 현장으로 나가는 직원들을 위해 간식을 준비하거나, 고객을 위한 판촉용품을 준비하기도 한다. 계절에 따라 얼음물과 땀수건을 기획하기도 하고, 시즌에 따라 삼계탕 같은 것을 준비하기도 했다.

"다음주 G. M. C 준비하려는데 뭐가 좋으세요?"

나는 다른 지역 강사들에게 싫은 소리를 들을 정도로 G. M. C 준비에 신경을 많이 쓰는 강사였다. 직원 한 명 당 지출할 수 있는 비용은 정해져있기 때문에 어디에서 구입해야 하는지 꼼꼼하게 따져 보곤 했다. 부족한 점도 있었고 내가 원하는 것이 안 나올 때도 있었지만, 이런 노력을 알아주시는 분들이 있었기에 힘든 줄도 모르고 일했었다. 내가 일하던 곳은 생활가전용품이 많았다. 특히 양문형 냉장고 여러 대가 전시되어 있던 곳이기 때문에 음식을 전날 준비하더라도 냉장 보관이 가능한 장점이 있었다.

하루는 직원과 같이 G. M. C를 준비하러 대형 멤버십 마트에 방문했다. 때마침 바나나 가격할인 행사를 하고 있어 몇 박스 구입해왔다.

바깥에 보관을 하면 일찍 일마치고 돌아온 직원들이 먹어 치워버릴 게 눈에 훤했다. 그래서 바나나를 냉장고 안에 다 넣어버렸다. 다음날 일찍 G. M. C를 준비하기 위해 냉장고에서 바나나를 꺼내다가 깜짝 놀랐다. 청소 담당자가 김치냉장고 겉면을 닦다가 버튼이 잘못 눌려 냉장이 냉동으로 바뀌어버린 탓에 노란 바나나는 꽁꽁 얼어 갈색으로 바뀌어있었다. 당연히 바나나는 단단하게 얼어 너무 딱딱해져버렸다. 그나마 다행인 것은 모든 바나나가 얼어버린 것이 아니라 김치냉장고에 보관한 바나나만 얼어버린 것이었다. 우선 노랗고 맛있어 보이는 바나나부터 나눠주면서 꽁꽁 얼어버린 바나나는 실온에서 어느 정도 해동을 시키자는 의견이 나왔다.

신나는 음악을 틀어놓고 현장으로 나가는 차가 회사 입구 가까이 다가

오면 "오늘 하루도 매우 만족 만점! 안전운행 하세요."라고 말하곤 했다.

현장으로 나가는 기사들에게 응원의 메시지와 함께 바나나와 생수를 전달하고 양손을 흔들어 배웅을 해준다. 이렇게 한 대 두 대 차가 빠져나가는 만큼 바나나도 줄어들어 갔다.

노란 바나나가 바닥이 나고 이젠 갈색 바나나를 줘야하는 상황 오고야 말았다. 나와 같이 G. M. C를 하던 스태프들은 서로 네가 전해주라며 티격태격하다가 결국 가위 바위 보에서 꼴등한 내가 전달하게 되었다.

"오늘도 매우 만족! 안전운행 하세요. 바나나가 얼었으니 녹으면 드셔요. 호호호."

아침 출근시간 러시아워를 피하기 위해 급하게 나가는 차량들은 내가 인사도 다 마치기 전에 바나나만 쏙 받아 나가는 일도 다반사였다. 차라리 이게 마음이 더 편했다. 걱정과는 달리 누구 하나 바나나가 얼었다고 불평 없이 G. M. C를 무사히 마치고 사무실로 들어왔다. 한숨 돌리고 이제 일을 하려는 그때 사무실로 걸려온 전화 한통이 있었다.

"인천센터 강사 정진희입니다. 무엇을 도와드릴까요?"

"정 강사? 나 ○○○야."

"마스터님, 이 시간에 웬일이세요. 한창 바쁠 시간 아니에요?"

"정 강사 사람 차별하고 그러는 거 아니야."

"제가요? 제가 무슨 차별을 했다고 그래요? 저 공평한 정진희인거 아시면서…."

"다 봤어. ㅇㅇㅇㅇ(차번호) 기사들한테는 바나나 빵 줬더라? 우리 차는 그냥 바나나 줬잖아!"

사무실 직원 분들에게 이 얘길 나눴더니 박장대소를 했다. 멀리서 봤을 때 갈색 바나나를 봤으니 어쩌면 바나나 빵이라고 오해할 수 있을 만도 했다. 다행히 얼은 바나나를 가져간 차에서는 연락 받지 않았지만 다음날 출근하는 그들의 모습에서 나를 원망하는 눈빛을 볼 수 있었다. 아침 조회 시간을 이용해서 공개 사과를 했고 바나나 빵 사건에 대한 오해할 수밖에 없었던 이야기를 들려드렸다. 다 같이 웃고 넘겼던 일화이고 바나나를 나눠줄 때마다 이 일이 생각났다.

'현장에서 고객을 응대하는 직원부터 만족시키자'가 나의 모토이다. 필자에게 있어 고객은 바로 현장을 누비는 직원 분들이다. 이들에게 더 나은 강의를 위해 신경 쓴 것만큼 G. M. C와 우수 사례 발굴에 대해 고민했다. 부끄럽지만 내가 근무했던 곳은 전국센터 중 고객 만족도는 하위권에 속했던 곳이었다. 고객 만족도를 높이기 위해 강사를 채용했고 그 강사가 바로 나였다. 나 또한 새내기 강사여서 모든 것이 어설프고 서투르기만 했지만 인간적으로 다가가고, 진정으로 직원들과 함께 하려는 마음이 전달되었던 것일까? 우리 센터는 조금씩 나아진 매우 만족이라는 결과로 이어졌다. 어떤 상황 속에서도 나의 고객은 직원이기에 이들이 만족하게 하자'는 신념은 결국 현장에서 일하는 직원들로 하여금 고객 매우 만족으로 되돌아왔다.

실제로 많은 선진국에서는 고객보다 직원을 우선으로 하는 기업들이 고객에게도 사랑받고 있음을 결과적으로 증명하는 곳이 많다. 한 예로 미국 동북부 지역의 프리미엄 슈퍼마켓인 웨그먼스Wegmans는 미국 경제지 〈포천〉에서 선정하는 '일하기 좋은 100대 기업'에서 매년 상위권에 선정된다.

이 회사의 모토는 '직원이 우선, 고객은 그 다음Employee First, Customer Second'이다. 웨그먼스 경영진은 만족한 직원이 만족한 고객을 만들 수 있다는 단순한 논리를 기반으로 경영철학을 실천해 온 기업이다. 아직 알려지지 않았을 뿐 우리나라 기업들 중에서도 웨그먼스만큼 직원 만족을 우선으로 경영하는 곳이 있을 것이다. 어서 빨리 널리 회자되어 다른 나라에서도 벤치마킹하는 사례로 남았으면 좋겠다.

CHAPTER 5

사소한 것에
목숨 걸어야 하는 이유

보잘 것 없이 작거나 적은 것을 표현할 때 '사소한 것'이라고 한다. 여기서 생각해 봐야할 것은 작거나 적은 것에 대한 기준이 각자 다르다는 것이다. 무엇인가를 기준으로 해서 그것보다 작거나 적은 것을 사소하다 말하는데 그 기준이 되는 것은 사람마다 다르기 때문이다.

내가 강사로 근무하던 시절, 서비스 컨설팅을 하기 위해 고객 만족 조사 결과를 분석하고 직접 모니터링 하는 일을 자주 했다. 고객들이 만족하는 요인은 무엇일까? 반대로 고객들이 불만을 내뱉는 요인은 무엇일까? 알고 보면 정말 중요한 것 같지 않은 부분에서 고객은 매우 감동받으며 반대로 매우 불만을 표현하는 것이 많았다.

나는 서비스 매뉴얼을 기준으로 여긴다. 체인점이나 지점이 많은 곳에서 고객 응대 서비스 매뉴얼이 존재하는 이유는 어느 매장을 가던지 고객에게 비슷한 서비스를 제공하기 위해 존재하는 것이다. 예를 들어,

강남에 있는 매장과 홍대에 있는 매장의 서비스가 다르다면 고객들은 서비스에 대해 불만이 생길 수 있다. 이를 방지하고 비슷한 경험을 제공하기 위해 존재하는 것이 서비스 매뉴얼이지, 이것으로 직원들에게 스트레스를 주거나 고객을 하늘같이 모시기 위해 있는 것은 아니다.

그럼 서비스 매뉴얼대로만 고객을 응대하면 고객이 만족할까? 답은 '아니요'이다. 서비스 매뉴얼대로 고객을 응대한다면 고객은 불만 없음이나 만족도 아니고 불만도 아닌 '불만 제로'의 상태일 것이다. 어디에서든 비슷한 경험을 한다면 그 정도의 서비스는 당연하다고 생각하게 된다. 하지만 늘 비슷한 상황에서 경험했던 서비스보다 부족한 서비스를 받는다면 그때는 불만이 생기기 마련이다.

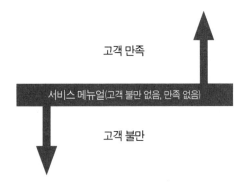

대학생 시절, 극장에서 아르바이트를 한 경험이 있다. 그 극장은 체인점으로 어느 지점을 가든지 같은 서비스를 제공한다. 매일 고객을 응대하러 가기 전 서비스와 관련된 조회를 했고 용모 복장 점검도 했다.

아르바이트생들에게는 영화도 무료로 볼 수 있는 혜택이 있었고 매점에서 파는 간식도 할인해주었다. 거의 비슷한 또래가 많아 힘든 줄 모르고 즐겁게 일했었다.

어느 찬바람 부는 겨울날이었다. 그 날 나는 손님들에게 번호표를 뽑아주며 안내를 해주는 역할을 맡았었다(그 시절에는 전화 예약과 현장 예약이 있었고, 기계로 예약하는 시스템은 도입되기 전이었다). 어깨띠를 매고 손님들에게 번호표를 뽑아 주는 것이 내 역할이었지만 화장실이나 상영관 위치를 안내해주는 것도 같이 했었다.

어느 노부부가 극장에 찾아왔다. 어르신들은 나에게 어떤 영화가 제일 재미있냐고 물어보셨다. "지금 상영되는 영화들이 다 인기 있는데, 혹시 보고 싶은 장르의 영화가 있으신가요?"라고 여쭤보았다.

어르신들에게 현재 가장 예약이 많은 영화를 추천해 드렸고, 다시 내가 맡은 일을 하고 있었다. 시간이 조금 지나 어르신이 다시 내게로 와서 상영관을 물어보셨다. 표를 확인하고 안내를 해드리려는 그때 뭔가 잘못되었음을 알 수 있었다.

그 시절 극장에서는 통신사 할인을 포함한 이런저런 할인이 많이 되었고 중복 할인도 있어 영화를 싸게 볼 수 있는 방법이 많았다. 하지만 어르신들의 표는 할인 혜택이 하나도 없이 발권되었고, 나는 어르신들에게 표를 바꿔드리겠다고 말씀드린 뒤 각종 할인 혜택을 통해 결과적으로 1인의 요금으로 2명이 볼 수 있게 되었다. 거듭 고맙다는 말씀을 하시는 어르신들께 오히려 처음부터 말씀 드리지 못해 죄송하다고

인사드렸고, 포지션으로 돌아와 열심히 번호표를 뽑으며 고객 응대를
하였다.

그 일이 있고 나서 보름 정도 지난 한 조회 시간에 내 이름이 호명되
었다. 알고 보니 그때 극장에서 있었던 일을 어르신의 자제분께 말씀드
렸는데 자제분이 고맙다고 칭찬한다는 연락을 극장에 했었던 것이었
다. 생각지도 못한 일로 난 '우수 아르바이트생' 타이틀의 상을 받았다.

가끔 이 일을 교육 때 얘기해주곤 한다. 아마도 내 자리에 있었다면
누구든지 나처럼 그 어르신들을 응대했을 것이다. 내가 특별히 친절한
것이라기보다는 어르신들이 생각하지 못했던 서비스를 받았기 때문에
자제분에게 말씀하신 게 아니었을까? 반대로 할인 혜택을 하나도 받지
못한 채 영화를 봤다는 것을 늦게라도 알게 된다면 얼마나 속상하고 언
짢으셨을까?

이처럼 고객 만족은 사소한 것이라고 넘길 수 있는 것부터 다시 살펴
보아야 한다. 사실 고객 응대를 하다보면 모든 고객을 다 만족시킬 수
는 없다. 그건 무리다. 모든 고객을 만족시키기 위해 감정노동을 하게
되고 직원들도 스트레스를 받게 되기 때문이다. 90도 인사를 하고, 치
아가 8개 보일 정도로 활짝 웃으며 고객을 응대한다고 해서 모든 고객
이 만족하는 것은 아니다. 그보다는 요청한 일을 빠르고 정확하게 처리
하고 마지막으로 고객이 모르고 있는 정보를 하나 더 제공하는 것만으
로도 충분하다.

고객 응대는 늘 어렵다. 그리고 모든 고객을 만족시킨다는 것은 더

어렵다. 아니 실제로 불가능하다. 고객의 선택의 폭은 갈수록 넓어지고 고객이 경험하는 서비스는 갈수록 다양해지고 있다. 고객이 경험하는 서비스 속도를 기업이 따라가기에는 실로 버겁다. 고객 만족을 위해 늘 새롭고 다양한 이벤트를 마련하는 것 보다 기본을 지켜주는 것이 실제로 고객이 원하는 서비스가 아닐까 싶다. 그리고 아주 사소한 것까지도 고객에게 안내해주면 어떨까? 대기 시간이 길어진다면 막연하게 기다리는 고객에게 대기 시간 동안 즐길 수 있는 것을 제공하고, 가능하다면 예상 대기 시간을 안내해주는 것도 좋을 것이다. 고객 만족이 어려운 것은 사소한 것이라 여겨 진행해야 할 것들을 빠뜨리기가 쉽기 때문이다. 누군가는 그 사소한 것에 만족하고, 그 사소한 것 때문에 기업 이미지가 더 좋아진다는 것을 늘 기억해야 한다.

PART 2

당신의 그 행동은
과연 누구를 위한
것인가

CHAPTER 1

도대체 누구를
만족시켜야 하는 것인가

"CS의 뜻이 무엇인지 아십니까?"

이는 늘 강의하며 많은 분들을 만날 때 마다 꼭 물어보는 질문이다. CS는 커스터머 새티스팩션Customer Satisfaction 즉, '고객 만족'이라는 의미를 가지고 있다. 간혹 커스터머 서비스Customer Service라고 쓰인 경우를 종종 보게 되는데 '고객 서비스'는 고객 만족을 위한 일부분으로 이해하면 된다. 어디를 가든 무엇을 하든 고객 서비스는 기본이 되었고 보편화되면서 많은 사람들에게 CS라는 표현도 어색하지 않다.

파트2를 쓴 필자는 삼성, 현대, 서울시청, KB 그렇게 12년간 서비스 최접점에서 고객과 직원을 이해하고, 함께 소통할 수 있도록 CS 교육을 기획하고 강의하며 CS 소통 전문 강사로 활동해 왔다.

그동안 '고객은 왕이다', '고객은 항상 옳다'라는 극단적인 표현으로 고객의 마음을 사로잡았던 적이 있고 더불어 고객의 지갑은 술술 열렸다.

고객을 위해 직원이 더 많이 낮출수록 기업의 수익도 높아졌다. 기업의 성패를 좌우하는 중요한 고객이기에 당연히 고객을 대우해야 하는 것은 맞다.

하지만 서비스 경쟁 과열로 인해 정말 왕이 되어버린 고객을 상대하느라 직원의 몸과 마음은 이미 한계점에 다다랐다. 고객의 갑질 행태와 폭언 등이 난무해지고 생계형 블랙컨슈머 등장으로 인해 기업의 든든한 뿌리이자 기둥 역할을 하는 직원들이 힘들어지기 시작했다. 이대로의 고객 만족은 더 이상 기업과 고객 그리고 직원이 함께 상생할 수 없는 구조가 되어버린 것이다.

그렇다면 고객, 직원, 기업이 다 함께 상생하며 소통할 수 있는 CS란 무엇일까? 그것은 바로 고객 만족CS과 직원 만족ES를 함께 만들어 가는 것이다.

★ 우리가 만족시켜야 할 대상

이제 상호간에 건강한 소통이 될 수 있도록 고객 만족과 직원 만족에 힘써야 할 때이다. 하루에도 빠르게 변하는 4차 산업혁명 속에서 서비스의 흐름을 이해하고, 고객과 소통하기 위한 고객 경험 관리 방법을 익혀야 한다. 기업의 서비스와 고객을 연결할 때 직원이 가장 중요한 위치에 있다. 직원은 내부 고객이고 내부 고객의 마음과 몸이 건강할 수록 외부 고객 만족도가 높게 나온다. 그러니 직원 감정 관리 방법도 함께 알아보자.

불변의 '고객 만족 5점 척도'

고객 만족에서 빼놓을 수 없는 것이 있다면 그것은 바로 '고객 만족도 조사'일 것이다. 대표적으로 한국산업의 상품 및 서비스에 대한 고객의 만족 정도를 나타내는 종합지수 KCSIKorea Customer Satisfaction Index가 있고, 기업에서 내부적으로 고객에게 수시로 전화, 메시지, 애플리케이션을 통해 고객 만족도 조사를 하는데 시대가 변해도 한결같이 사용되는 불변의 '고객 만족 5점 척도'는 잘 알 것이다.

"고객님, 오늘 방문 어떠셨습니까? 매우 만족, 만족, 보통, 불만, 매우 불만 중에서 선택해주시겠습니까?"와 같이 질문한다. 어떤 고객은 예상하지 못한 감동적인 서비스로 매우 만족을 선택한다. 그러나 최근 비슷한 서비스를 경험해 본 고객이라면 감흥이 조금 떨어졌는지 보통을 선택할 수도 있다. 그다지 만족하지는 않지만 고생하고 있는 직원을 생각해서 만족을 선택할 수도 있다. 똑같은 서비스 제공자(직원)가 늘 똑같은 서비스를 제공했다 하더라도 제각각 다른 기준으로 고객은 만족도를 선택하게 될 것이다. 고객 마다 지금까지 겪어 본 서비스 경험치가 서로 다르기 때문이다.

그럼에도 불구하고 우리는 고객이 겪었던 서로 다른 경험에는 관심 없고 오로지 '우리 서비스가 어떤가?'에만 초점을 맞춘다. 고객의 만족은 더 이상 5점 척도로 정의될 수 없다. 추가 질문을 받더라고 우리 상품 및 서비스가 마음에 들지 않은 이유를 들으며 부족한 것, 부정적인 것을 제거하는 데 집중하는 것이 아니라 것이 아니라 "다른 상품 및 서비스를 이용하셨을 때 기분 좋았던 경험과 기억을 소개해 주시겠습니까?"처럼 고객의 좋았던 경험Good Experience을 벤치마킹하며 '어떻게 바꿀 수 있을 것인가' 라는 '하우How'로 채워나가는 것이 필요하다.

직원의 감정은 안녕한가요?

"고객님, 번거롭게 해드려 죄송합니다."

"정말 죄송합니다."

○○ 콜센터에서는 연일 고객을 향해 '죄송하다'는 멘트가 울려 퍼진다. 그저 회사 또는 공공기관을 대표해 고객의 목소리를 듣는 콜센터라는 이유 하나 때문이다. 요즘 말로 '내 잘못은 1도 없지만' 그저 고개 숙이고 고객이 느낀 불편 등에 대한 용서를 구해야 한다.

서울시청에서 민원 서비스 전문 강사로 활동할 때 '서울의 모든 것을 답한다'는 서울시 120 다산콜센터(응답소) 직원들과 같은 공간에서 근무

했던 적이 있었다. 헤드셋 너머로 들려오는 폭언과 화를 내는 쩌렁쩌렁
한 목소리는 있는 그대로 무기 그 자체였다. 하지만 그 어느 직원도 고객
앞에서 당당하게 자신의 감정(기분 나쁨, 속상함, 짜증, 화와 같은 감정)을 드러
내지 못한다. 고객의 불쾌한 말과 거친 목소리에도 늘 침착함을 유지하
고 자신이 느끼는 부정적 감정을 최대한 숨겨야만 계속 그 자리에서 근
무할 수 있기 때문이다. 이것이 고객 최접점 근무자의 현실이었다.

일하면서 느끼는 자연스러운 내 감정을 억누르고 직무에서 원하는
획일화된 감정으로 말하거나 그러한 표정, 몸짓 등 자신의 감정을 통제
하는 일이 직무의 50%를 넘는다면 '감정노동자'로 볼 수 있다. 감정노동
은 주로 고객, 민원, 승객, 환자 등을 대면하거나 음성 대화 매체(비대면)
등을 통해 상품 판매 및 서비스를 제공하는 고객 응대 업무 과정에서 발
생한다. 고객이 친절하다고 느껴야 친절한 서비스를 제공한 것이라고
인식되기 때문에, 고객 응대 업무는 직원의 감정보다 고객의 기분을 중
요하게 여기면서 직원의 감정노동이 생기게 된다.

구분	직업
대면 응대	백화점·마트의 판매원, 호텔 직원, 음식점 종사자, 항공사 승무원, 골프장 경기보조원, 미용사, 운송수단 기사, 금융기관 종사원 등
비대면 응대	기업 및 공공기관 콜센터 상담원 등
공공서비스 및 민원 응대	시·구청 민원실, 주민센터 직원, 공단 직원, 사회복지사, 경찰 등
케어 서비스	간호사, 요양보호사, 보육교사, 특수교사 등

★ 감정노동 직업군 분류   출처: 고용노동부

직업에 대한 만족도가 떨어지면서 이직률이 증가하고 업무숙련도가 낮은 직원이 많아져 실적이 감소할 수도 있다. 일에 대한 스트레스가 높아지면서 업무 몰입도가 낮아지고, 직무만족도가 낮아져 결국 업무 효율성까지 낮아지게 된다. 2018년 10월 18일 산업안전보건법이 개정되어 시행되고 있는 만큼, 직원의 감정을 이해하고 감정노동자 보호에 관심을 갖고 체계적으로 관리해야 한다. 앞서 말했듯이 이제는 더는 직원의 감정을 억누른 채 고객 응대를 하라고 강요할 수 있는 상황이 아니다. 적절한 건강보호 조치를 이행하지 않을 경우 기업 이미지가 손상될 수 있고, 사회적 문제로 대두된다면 해당 기업의 제품과 서비스에 대한 불매운동으로 이어져 경제적인 타격을 받을 수 있음을 기억해야 한다.

CHAPTER 2

고객을 어떻게 부르는 가에 따라 달라지는 고객 만족도_ 고객 호칭

처음은 늘 서툴고 어설프지만 어리숙했기에 더욱 오래 기억 남는다. 필자는 생애 첫 해외여행을 사회생활 막 시작했었던 20대 중반에 다녀왔다. 남동생이 고등학교를 졸업하자마자 군 입대를 결정했고 군대 가기 전 함께 할 소중한 추억을 만들기 위해서였다.

그런데 두 사람 경비를 계산해 보니 생각보다 부담스러운 금액이었다. 그래서 열심히 '최저가, 초특가, 반짝 특가' 같은 저비용 여행 상품을 알아보다가 금액과 일정이 모두 맞아 떨어지는 완벽한 여행 상품을 찾았다. 그 여행 상품명은 바로 '왕짠돌 홍콩 여행 패키지'이었다. 처음 가는 해외여행이니 얼마나 궁금한 것이 많았겠는가. 공항 미팅장소, 숙소 위치, 스케줄 등 여행사에 문의하기 위해 전화를 걸었다.

★ 왕짠돌 여행 상품관련 자료

"왕짠돌 고객님~" 이런 호칭은 NO"

담당 직원은 나의 정보를 확인하더니 "왕짠돌 홍콩 여행상품 선택해 주신 박진호 고객님 맞으십니까?"라고 물었다. 내가 선택한 여행상품 이름이 짠 내 물씬 나긴 하지만 워낙 저렴하고 실속 있는 상품이니까 확인차 물어보는구나 싶었다. 그런데 여기서 끝이 아니었다.

직원은 계속해서 상품명을 언급하며 내 이름을 불러주었다.

"왕짠돌 상품 선택하신 박진호 고객님~", "네, 박진호 고객님께서 선택하신 왕짠돌 상품은요~"라며 말이다. 내 돈 내며 가는 첫 해외여행에 왕짠돌이라는 이름표 하나가 붙어서 계속 떨어지지 않았다. 그뿐만이 아니었다. 여행 첫째 날 출국장 미팅장소에서 받은 여행 정보 및 일정표가 적힌 프린트 물에는 정말 대문짝만하게 왕짠돌이라고 적혀있었다. 2박 3일 일정 내내 고유한 내 이름 대신 왕짠돌을 더 많이 들었던 첫 해외여행은 아직까지도 웃기면서도 조금은 서글픈 사연으로 남게 되었다.

소비를 하더라도 기분 좋게 쓴다면 아까운 생각이 들지 않는다. 왕짠 돌 상품을 선택한 고객이 아니라 '실속 있고, 가성비 갑'인 현명한 고객 으로 표현되었다면 정말 그런 고객이 된 것처럼 기분까지 좋았을 것이 다. 심리적인 부분이 적용된 것인데 부정적인 의미 보다는 우회적인 긍 정 표현으로 바꿔 보았다면 어땠을까? 이처럼 잘못된 호칭으로 기분까 지 상해버린 경우는 우리 주변에서 종종 찾아 볼 수 있다.

처음 방문한 상점에서 점원이 친근함의 표현으로 "언니~"라고 부르 는데 오히려 부담스럽고 내가 나이가 좀 들어 보이나 싶은 생각에 불편 한 마음이 들기도 한다. 사회 흐름에 따라 자연스럽게 결혼이 늦어지거 나 비혼주의를 선택하는 이들도 많은데 그저 연령 대를 가늠하고는 '어 머님, 아버님'이라는 표현을 썼다가는 자칫 낭패를 볼 수 있다. 그러므 로 상황에 맞는 적절한 호칭을 고민하고 사용해야 한다. 호칭은 상대방 의 가치를 인정하고 존중하는 표현이니 말이다.

주민이 주인이 되는 호칭의 변화 바람 '맞춤형 행정서비스'

가끔 구청을 찾을 일이 생기는데 이때 '고객님'이라는 호칭을 듣게 된 다. 왠지 내 발에 맞지 않는 신발을 신은 듯 불편한 느낌이 들곤 했다. 그런데 이런 민원인 호칭에 대해서 직원이 함께 고민하고 개선하기 위 해 앞장선 곳이 있다. 바로 서울 구로구이다. 2017년 5월 구로구는 '고 객님' 호칭 대신 'ㅇㅇㅇ님' 실명 사용으로 바꾸었다.

구로구는 '주민이 구 행정의 주인이다'라는 구청의 기본 정신을 살리

★ 민원인 호칭 변경   출처: 〈아시아경제〉 2017.04.27.

기 위해 그동안 민원인 대상으로 이용해오던 '고객님'이라는 호칭을 더
이상 사용치 않기로 결정하였다. '고객님' 호칭은 2004년 행정자치부의
민원인 호칭 개선안이 마련된 이후 구청 방문 민원인이나 서면 민원인
들에게 주로 이용되어 왔다. 하지만 관청이 모든 것을 결정하고 제공한
다는 의미를 내포하고 있어 주민이 주인이 되는 민주주의 정신에 위배
된다는 지적이 있었다. 이에 구로구는 호칭 개선에 대한 직원 토론을
거쳐 통일안을 마련했다. 통일안에 따라 대면 민원은 '○○님' 등 실명
사용을 원칙으로 하되 민원인의 연령과 응대 상황에 맞게 '어르신, 선생
님'을 병행 사용토록 했다.

기분 좋아지는 고객 호칭 경험

'꿈과 환상의 나라 에버랜드로~' 에버랜드를 떠올리면 이 노래가 귓가에서 맴돈다. 놀이기구를 타며 즐거웠던 경험과 함께 멜로디가 기억되어 있나보다. 나이가 들면 테마파크는 잘 안 다닐 줄 알았는데 오히려 동심으로 돌아가고 싶은 마음에 학생 때 보다 더 자주 이용하게 된

★ 삼성 에버랜드 손님 상담센터(위) 리치망고 애월점 고객 대기 순번표(아래)

다. 테마파크 이용 당일 기다리지 않고 입장하기 위해 미리 애플리케이션을 다운로드하고 결제를 진행하는데, 제휴사 카드 할인에 대해 궁금한 점이 있어서 연락할 수 있는 상담센터를 찾게 되었다.

그런데 조금 생소하면서도 낯선 이름을 발견했다. 익숙해서 당연한 것처럼 생각했던 '고객 상담센터'라는 표현 대신 '손님 상담센터', '손님 서비스센터' 라고 되어 있었기 때문이다. 손님의 정확한 의미를 찾아보니 '다른 곳에서 찾아온 사람'의 높임말 또는 '영업하는 장소에 찾아온 사람'의 높임말이라고 되어 있었다. 테마파크를 찾아와 준 사람에 대한 고마움을 담은 표현이 아닐까 싶다. 당연하게 사용했던 고객님이라는 호칭도 다시 한 번 고민해보고 기업 이미지에 맞게 적용해 본 좋은 사례라고 할 수 있다.

호칭 하나로 연예인이 된 듯 기분 좋은 경험을 만들어 주는 곳도 있다. 연예인 이름이 적힌 고객 대기 순번표를 나눠주고 순서가 될 때 그 이름을 불러준다. "수지 님, 박보검 님, 음료 나왔습니다!" 마치 정말 연예인이 된 듯한 착각까지 일으켜 음료의 맛을 더해준다. 이처럼 특별한 호칭으로 고객에게 잊지 못할 경험과 즐거움을 선사해보면 어떨까.

CHAPTER 3

고객이 한 즐거운 경험은 힘이 세다_ 오감만족

고객이 기억하는 좋은 경험Good Experience에는 어떤 비밀이 숨어있을까? 고객의 소리를 들어보면 비슷한 공통점 하나씩을 발견할 수 있었다. 바로 '고객의 이야기를 진심을 담아 듣고 그것을 표현하는 것'이었다. 여기서 그 진심을 느끼는 방법에는 '오감'이 있었다.

시각적 비언어 메시지를 보고 고객은 말과 행동의 일치 또는 불일치를 알 수 있었고, 청각적 음성을 통해 말의 의미를 다시 되짚어 보게 된다. 기분 좋은 향과 맛으로 더 좋았던 경험으로 인식하고, 촉각을 통해 궁금했던 것을 해소하게 된다. 이러한 오감을 적절하게 사용함으로써 고객은 좋은 경험으로 기억한다. 지금부터는 오감을 통해 전달하는 다양한 고객 경험에 대해서 살펴보겠다.

시각- '똑똑, 저를 좀 봐주실래요?'

어느 해, 더운 여름이 지나 찬바람이 불 때쯤 장염이 유행처럼 번지던 시기였다. 장염은 대체적으로 대장의 염증이라는데 나는 조금 특이하게 소장염이었다. 대장염인줄 알고 받았던 약이 듣질 않아 찾아간 큰 병원의 진단이었다. 상냥한 목소리의 의사 선생님이셨고 검사 결과에 대해서 꼼꼼하게 설명해 주시는데도 이상하게 어색한 분위기가 이어졌다.

왜 그랬던 것일까? 선생님은 환자와 상담하는 5분이라는 시간동안 계속 CT촬영 결과 모니터만 바라보며 얘기하였기 때문이었다. 환자는 바로 옆에 있는데도 단 한 번의 눈 맞춤 없이 대화를 이어나갔다. 지금까지 고객과의 소통을 위해 '눈 맞춤'이라는 주제로 눈 맞춤이 왜 중요한지, 왜 필요한지에 대해 수 없이 강의를 해왔다. 따라서 의사 선생님의

오감만족
시각 솔루션

1 **눈 맞춤** 상대방의 미간과 콧등 사이(역삼각형 구간)를 자연스럽게 바라보며 순간순간 변하는 미세표정을 알아챈다.

2 **고개 끄덕이기** 대화 중간 고객을 끄덕이며 상대방의 이야기를 집중해서 듣고 있다는 표현을 한다.

3 **배꼽 향하기** 말하는 상대방을 볼 수 있도록 몸을 틀어 대화하는 거리를 좁히는 방법이다.

4 **메모하기** 누군가 내 이야기를 메모한다면 말 한마디를 하더라도 더 신중하게 선택해서 대화의 질을 높인다.

5 **동작 따라하기** 대화가 어려운 상대가 있다면 상대방의 모습을 거울 보듯 잠시 따라해 보자(물 마시기, 볼펜 만지기 등).

★ 고객이 기억하는 좋은 경험 - 시각

눈 맞춤이 절실했는지도 모른다. 그때 그럴만한 사정이 있었다면 충분히 이해해야 하겠지만 눈 맞춤 없이 대화를 하다 보니 왠지 모르게 불편함과 어색함을 느끼게 되었다. 아마도 내 의지대로라면 다시는 이 병원을 찾지 않을 것이다. 고객은 안 좋았던 경험을 또 다시 겪고 싶어 하지 않기 때문이다.

청각- '고객의 마음을 이해한다면 표현해주세요'

영선반보(領先半步, 성공하려면 남들 보다 반걸음 먼저 앞서 나가라)라는 말이 있다. 여기서 성공을 소통으로 바꿔 본다면 많은 사람들과 소통해야 하는 강사라는 직업인은 남들 보다 빠르게 새로운 정보를 습득하고 적용해야 한다. 시대의 흐름을 익히는 것도 중요하기 때문이다. 그래서 서점을 자주 찾고 더 많은 책을 읽는다.

어느 날 급하게 책이 필요하게 되어 ○○문고 '당일배송'이라는 문구를 확인하고 또 확인한 후 인터넷 주문으로 결제했다. '퇴근하고 집에 가면 볼 수 있겠지?' 라는 생각으로 갔지만 당일배송이었던 택배는 도착하지 않았다. 확인 결과 출고대기 중이었다. 결국 그 책을 읽어야 했던 중요한 순간을 놓쳐버리고 말았다.

다음 날 연락을 해보니 '당일배송'은 오전 10시 전에 결제 완료가 되어야 하는데 10시 06초에 결제되었기 때문에 당일 배송 건이 아니라고 했다. 분명 결제 확인을 하는 그 순간에도 당일배송이 가능하다는 문구를 확인했는데 6초 때문에 일어난 일이었다. 배송 규정에 대해서 면밀

히 확인하지 못한 불찰로 인한 답답함과 제때 책을 받지 못한 속상함이
밀려왔다.

이때 만약 고객 응대를 해주신 분이 이미 지나버린 배송 안내를 재차
하기 보다는 고객이 지금 느끼는 감정에 대해 "급하게 필요하셨을 텐데
많이 속상하시겠네요"와 같은 멘트와 함께 진심으로 내 마음에 공감해
주었다면 아쉬움은 조금 덜 했을 듯하다.

청각- 행복을 전달하는 신발 유통 업체 '자포스'만의 고객 경험 관리

"전설적인 서비스, 고객과 강한 유대, 세계 유일의 기업문화라는 무
형의 자산을 취득하기 위해 비용을 지불한 것이다."

이는 2009년 아마존이 12억 달러(1조3천 억 원)에 최고 규모로 자포스
를 인수했을 때 세계적인 경영구루 세스 고딘의 평가이다. 이 전설적인
서비스는 '행복'이라는 세계적인 신발 유통 업체 자포스만의 차별화된
고객 경험 관리에서 시작되었다.

어느 날 자포스의 직원 료 하날레이는 2016년 한 통의 전화를 받았
다. 한 여성 고객이 부츠를 반품하기를 원했다. 그런데 반품 사유가 조
금 특별했다. '아픈 아버지를 위해 구입한 신발이었는데 아버지가 그만
돌아가셨다는 것'이었다. 직원 료 하날레이는 무조건 반품해 주겠다고
하고 환불 비용도 자체적으로 부담하겠다고 말했다.

통화를 마친 뒤 고객에게 위로의 꽃을 보냈다. 그 후 얼마 지나지 않
아 그녀는 감사 편지와 함께 아버지 사진을 보내왔다. 이 일화는 외부

Tony Hsieh Reveals The secret To Zappos' Customer Service Success In One Word

Last year, when I was working the phones, a woman called, trying to return some boots. The sad story turned out to be that she had bought them for her father, who had since died. I told her not to bother returning them; that we would refund her money but she was free to give the boots away instead of returning them. And after the call I felt moved to send her some flowers- just one of the 380 gifts of flowers you can see on the board that we sent out last year. Some time after that, she sent me a letter and a photo of her father.

출처 〈포브스〉 자포스 직원 인터뷰 내용 2017.6.12.

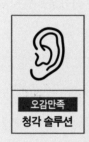

오감만족
청각 솔루션

- 청각, 즉 음성만으로 전달하는 것이기 때문에 말의 어투, 억양, 속도 등에 따라 의미를 오해할 수 있다. 오해가 생기지 않고 서로의 마음을 이해하는 대화가 될 수 있도록 상대방의 말에 반응한다.

1 공간 추임새 "아~", "네~", "그러셨어요~"

2 공감 표현 "맞습니다", "그렇습니다", "많이 불편하셨죠?", "많이 속상하셨죠?"

3 요약하기 "말씀해 주신 부분은 ~ 하다는 말씀이시죠?"

★ 고객이 기억하는 좋은 경험 - 청각

에까지 알려져서 〈포브스〉는 그를 찾아가 인터뷰 했다. 그때 그의 인터뷰 내용은 정말 잊을 수가 없다.

그는 "꽃은 핵심이 아니에요. 핵심은 바로 대화죠. 제가 고객과 더 깊이 있고 살아 있는Textured 대화를 할 수 있었던 것이 중요합니다. 진정성 있는 대화가 고객소통의 열쇠Key인 것이죠"라고 말했다. 이처럼 고객의 입장을 충분히 이해하고 소통하려고 노력하는 직원의 자세가 자포스를 성장시킨 큰 원동력이라고 생각한다.

후각 & 미각- '미국 가전 매장 퍼치' & '홍콩 쿠오레 프라이빗 키친'

미국 가전 매장 '퍼치'

온라인으로 모든 물건을 팔고 있는 시대에 오직 오프라인 매장으로만 팔아 잘 나가는 회사가 있다. 바로 미국 가전매장 '퍼치Pirch'이다. 이곳은 오프라인 장점을 최대로 살려 마치 가정집을 방문한 것처럼 구성되어 있다. 퍼치 매장을 들어서는 순간 갓 구운 피자로 고객의 코 끝(후각)을 한 번 자극하고, 생과일 주스(미각)로 고객의 기분까지 상큼하게 해주며 마치 홈 파티에 초대된 듯한 느낌을 전달한다. 평소 만나기 힘든 유명 셰프의 수업도 준비되어 있다. 매장에 전시된 가전제품을 이용해 셰프와 함께 다양한 요리를 만들며 잊지 못할 경험을 만든다. 또한 주방 가전제품의 사용법도 자연스럽게 익힐 수 있으니 제품 구입 후 반품이나 환불이 적고 지인 추천도 많다고 한다. 이렇게 퍼치는 고객이 모든 것을 부담 없이 체험해 볼 수 있도록 구성하여 오프라인 시장에서 차별화된 요소로 꾸준히 성장하고 있다.

홍콩 '쿠오레빗 키친'

연인의 데이트 코스로 빠질 수 없는 것이 바로 영화 관람이다. 그런

★ 고객이 기억하는 좋은 경험 - 후각, 미각

데 영화의 재미와 감동을 더 특별한 추억으로 남길 수 있는 방법은 무엇일까? 홍콩 '쿠오레 프라이빗 키친'은 영화 장면에 맞춘 다양한 요리로 연인 고객들에게 더 특별한 추억을 선사한다. 영화 장면에 맞춰 나오는 요리는 영화 장면을 더욱 생생하게 해 줄 뿐만 아니라 요리의 맛을 더욱 인상 깊게 해준다.

두 주인공의 로맨스 장면이 나오면 부드러운 맛의 요리가 나오고, 자동차 추격 장면이 나오면 강렬한 향의 요리가 준비되어 나온다. 또한 씁쓸한 결말 장면에는 쌉싸름한 요리를 먹으며 실제 영화 속 주인공이 된 듯한 경험을 하게 된다. 영화장면에 맞춘 요리는 고객의 미각을 자극해 더 특별한 경험으로 기억될 것이다.

촉각- '아마존 4 스타'

디지털 시대의 유통 강자인 아마존은 아마존닷컴의 온라인 카테고

오감만족
촉각 솔루션

- 제품을 보고 설명을 듣는 것보다 촉각을 활용해 직접 만져보고 체험하는 것이 더 오래 기억된다. 또한 체험하고 난 뒤 구입하면 제품에 대한 만족도가 높아 반품, 환불 요청이 줄어서 이 방식을 도입하는 기업이 많다.

1 가전제품 체험 사람마다 특성 및 생활습관이 다르기 때문에 체험을 해서 맞는 제품을 찾을 수 있다.

2 욕조 샤워부스 체험 체형에 맞는 욕조 크기와 물의 세기 등을 체험해 볼 수 있어서 고객의 만족도도 높다.

3 오프라인 의류매장 체험 온라인상에서 알 수 없었던 의류 촉감을 확인할 수 있고 체형에 맞는 옷을 고를 수 있다. 오프라인은 입어 보는 공간으로만 활용하고 온라인으로 구입하도록 안내한다.

★ 고객이 기억하는 좋은 경험 - 촉각

리를 그대로 오프라인으로 옮겨놓은 '아마존 4스타Amazon 4-Star'를 출범했다. 이곳의 특별한 점은 아마존닷컴에서 고객평점 4점 이상인 제품을 고객이 직접 체험해 볼 수 있는 오감만족 공간으로 탄생시켰다는 것이다. 매장에 들어서자마자 가장 눈에 띄는 것은 큰 별 4개와 "여기에 있는 모든 것은 아마존닷컴에서 별 4개와 그 이상의 점수를 받은 것, 탑셀러이거나 새롭고 트렌디한 것들입니다"라는 문구이다. 온라인에서 보기만 했던 인기 제품을 직접 만져보고 조작해 볼 수 있으며 진열대에는 상품 후기도 붙어 있어서 제품을 선택하는데 고민을 덜어주기도 한다. 이곳은 트렌드와 품질보증을 겸비한 제품들로 고객의 즐거운 놀이터가 되고 있다.

CHAPTER 4

직원의 감정은 고객 만족과 바로 이어진다_ 직원 감정 관리

고객 갑질 사례는 끊이지 않고 보도되고 있다. 해외매체에 오를 정도로 유명한 '땅콩 회항 사건과 승무원 폭행 사건, 아파트 경비원 자살, 재벌가 자녀 갑질' 등 감정노동으로 인한 감정적 부조화는 단순한 스트레스를 넘어 심한 경우 대인 기피증과 정신적 질환까지 찾아오는 검은 그림자와 같다.

우리나라는 현재 감정노동자보호법(산업안전보건법 제26조의 2)을 만들어 폭언, 폭행, 협박, 기물파손 등 상식에서 벗어나고 도를 넘는 행위를 방지하도록 한다. 그리고 감정노동 관리사인 필자 또한 기업과 고객, 직원이 함께 웃으며 소통할 수 있도록 직원 감정 관리 방법에 대해 연구하고 교육하는데 힘쓰고 있다.

★ 애니메이션 영화 〈인사이드 아웃〉 이미지

소중한 우리의 감정 그리고 감정노동

감정感情이란 어떤 현상이나 일에 대하여 일어나는 마음이나 느끼는 기분을 의미한다. 애니메이션 〈인사이드 아웃〉을 보면 우리가 느끼는 감정을 이해하는데 도움이 된다. 인사이드 아웃에는 5가지 감정(기쁨, 슬픔, 소심, 짜증, 분노) 캐릭터가 등장한다. 늘 기쁜 상황인 게 가장 이상적이긴 하지만 살면서 자연스럽게 나타나는 감정 모두가 소중한 것이라는 것을 알게 된다. 슬픔이 있기에 기쁨의 가치가 더 큰 것처럼 말이다. 그 어느 것도 없어서는 안 될 소중한 감정이지만 이런 감정을 있는 그대로 드러내긴 여간해서는 쉽지 않다. 자신이 느끼는 감정을 억누르고 사회에서 원하고 지금 이곳에서 원하는 감정을 억지로 표현하기 쉽다.

감정노동Emotional Labor은 1983년, 미국 사회학자인 '엘리 러셀 혹실드'의 저서 《통제된 마음The Managed Heart》에서 처음 등장했다. 말투나 표정, 몸짓 등 드러나는 감정 표현을 직무의 한 부분으로 연기하기 위해 자신의 감정을 억누르고 통제하는 일이 수반되는 노동을 말한다. 사회가 발전하면서 대면 접촉 서비스 직무가 많아졌고, 고객과 접촉하는 일에 종사하면서 회사 또는 직무에서 원하는 감정 상태를 생산해내야만 하는 일을 일컫는다. 업무상 요구되는 특정한 감정 상태를 연출하거나 유지하기 위해 하는 일체의 감정 활동이 직무의 40% 이상을 차지한다면 감정노동으로 봐야한다.

우리 사회에서 감정노동에 종사하는 노동자는 560만~740만 명으로 전체 임금노동자(18,296천 명)의 31~41% 수준(2017년 고용노동부 자료)으로 추정된다. 더 많게는 1,100만 명으로 추산하는 자료도 있을 만큼 감정노동자는 많은 비중을 차지한다.

서비스 산업의 발달로 전범위의 서비스에 대한 중요성이 강화되었고 사회 전반으로 자리 잡으면서 고객 응대 직원의 감정노동의 강도도 세졌다. '고객은 왕이다'라는 그릇된 생각으로 무조건 고객에게는 친절해야 한다는 인식이 많았으며, 목소리 큰 사람이 이긴다는 한국의 그릇된 정서도 맞물렸다.

이때 고객 응대 직원이 겪는 스트레스는 단순히 직무로 인한 스트레스로 가볍게 여겨지기도 했었다. 감정노동 스트레스에 따른 신체적, 정신적 문제, 특히 장기간 스트레스 상황에 노출되면서 억눌린 감정을 해소하지 못한 채 우울증과 업무로 인한 번아웃(소진 현상)은 감정노동의 어두운 이면이자 '해결해야 할 미래 사회 10대 과제'로 떠오르고 있다.

수적천석水滴穿石은 송宋나라 때 나대경의 《학림옥로鶴林玉露》와 홍자성洪自誠의 어록語錄인 《채근담菜根譚》에 나오는 말이다. '떨어지는 물방울이 돌을 뚫는다'는 뜻으로 '작은 잘못이라도 계속 누적되면 커다란 위험이 될 수 있다'는 뜻이다.

우리 주변의 가족, 친인척, 친구, 동료, 지인 중에서도 분명히 감정노동자가 있을 수 있다. 그런데 '별거 아니겠지, 괜찮겠지, 다 그런 거야'라는 감정노동에 대한 가벼운 생각에서 벗어나 적극적으로 감정노동을 관리하고 필요시 도움의 문을 두드려야 한다. 또한 회사는 직원의 감정노동에 적극적으로 보호하고 해결하기 위해 노력해야 한다.

현재 자신의 감정노동 수준은 어느 정도인지 다음 페이지의 〈감정노동 자가 진단〉을 통해 확인해 보자. 총 14문항이며 각 설문 문항을 읽고 '전혀 그렇지 않다, 약간 그렇지 않다, 약간 그렇다, 매우 그렇다' 중에 해당하는 부분에 ○ 또는 V 표시를 한다. 감정노동 진단 결과 성별에 따라 정상군과 취약군이 다르니 결과까지 꼼꼼하게 확인한다.

감정노동 정상군이라면 예방차원의 건강한 생활습관을 유지하는 것이 좋다. 일주일 3회, 1회당 30분씩 규칙적인 운동을 하고 올바른 식습관을 유지한다. 인스턴트 식품, 육류 위주의 식생활, 화학첨가물이 들어 간 음식 섭취는 줄이고 섬유질이 많은 음식인 녹황색 채소, 견과류, 제철 과일 섭취를 늘린다. 하루 7~8시간 수면을 유지하고 일과 여가의 균형을 맞추며 자신만의 시간을 충분히 갖는 것이 중요하다.

감정노동 취약군이라면 개인적 감정 관리와 조직적 감정 관리 보호

설문 문장	전혀 그렇지 않다	약간 그렇지 않다	약간 그렇다	매우 그렇다
1. 고객에게 부정적인 감정을 표현하지 않으려고 의식적으로 노력한다.	1	2	3	4
2. 고객을 대할 때 회사의 요구대로 감정 표현을 할 수밖에 없다.	1	2	3	4
3. 업무상 고객을 대하는 과정에서 나의 솔직한 감정을 숨긴다.	1	2	3	4
4. 일상적인 업무 수행을 위해서는 감정을 조절하려는 노력이 필요하다.	1	2	3	4
5. 고객을 대할 때 느끼는 나의 감정과 내가 실제 표현하는 감정은 다르다.	1	2	3	4
6. 공격적이거나 까다로운 고객을 상대해야 한다.	1	2	3	4
7. 나의 능력이나 권한 밖의 일을 요구로 업무 수행의 어려움이 있다.	1	2	3	4
8. 고객의 부당하거나 막무가내의 요구로 업무 수행의 어려움이 있다.	1	2	3	4
9. 고객을 응대할 때 자존심이 상한다.	1	2	3	4
10. 고객에게 감정을 숨기고 표현하지 못할 때 나는 감정이 상한다.	1	2	3	4
11. 고객을 응대할 때 나의 감정이 상품처럼 느껴진다.	1	2	3	4
12. 퇴근 후에도 고객을 응대할 때 힘들었던 감정이 남아 있다.	1	2	3	4
13. 고객을 대하는 과정에서 마음의 상처를 받는다.	1	2	3	4
14. 몸이 피곤해도 고객들에게 최선을 다해야 하므로 감정적으로 힘들다.	1	2	3	4

★ 감정노동 자가 진단   출처: 고용노동부

감정노동 요인(문항별)	정상군	감정노동 취약군
감정표출의 노력 및 다양성 (1~5문항)	남 1~17점 여 1~16점	남 18점 이상 여 17점 이상
고객응대의 과부하 및 갈등 (6~8문항)	남 1~10점 여 1~9점	남 11점 이상 여 10점 이상
감정부조화 및 손상 (9~14문항)	남 1~18점 여 1~17점	남 19점 이상 여 18점 이상

★ 감정노동 자가 진단 결과   출처: 고용노동부

가 필요하다. 여기 자신의 감정 상태를 인식할 수 있는 도표가 있다(감정상태 인식 도표 참고).복잡하고 다양한 감정을 2차원 평면 위에 가로축과 세로축을 따라 형용사로 나타낸 것이다. 가로축을 따라서 왼쪽은 부정적인 감정을 나타내고 오른쪽은 긍정적인 감정을 나타내는 어휘들이 있다. 세로축을 따라서 위쪽은 각성된 상태를, 아래쪽은 이완된 상태를 표현하고 있다. 도표에서 지금 자신의 감정을 가장 적절하게 나타내고 있는 어휘는 무엇인가? 자신의 감정이 세로축을 기준으로 왼쪽에 있다면 오른쪽으로 가도록 노력해보자.

총 5단계의 감정 노동 관리 방법이 있다. 1부터 3단계까지는 마음 진정 단계, 4부터 5단계까지는 마음 회복 단계이다.

첫째, 공간이동이다. 우선 휴게실이나 시원한 바람을 쐴 수 있는 공간으로 이동한다.

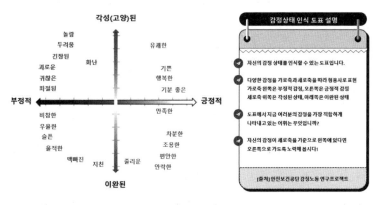

★ 감정상태 인식 도표

출처 안전보건공단 공식 블로그, 2018.10.05
"당신은 오늘 고마운 마음을 얼마나 표현했습니까?"
blog.naver.com/koshablog/221371529978 오창영 교수

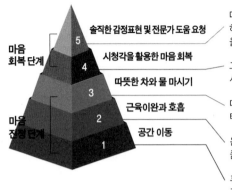

마음 회복 단계	5 솔직한 감정표현 및 전문가 도움 요청	대화를 통해 솔직한 자신의 감정을 표현하고 개인 차원의 감정노동 관리가 어려울 시에는 전문가의 도움을 요청한다.
	4 시청각을 활용한 마음 회복	그림이나 음악을 감상하며 마음을 회복시킨다.
	3 따뜻한 차와 물 마시기	따뜻한 차와 물을 마시며 몸을 편안한 상태로 만든다.
마음 진정 단계	2 근육이완과 호흡	온 몸에 힘을 빼서 앉고 복식 호흡 또는 쿰바카 호흡을 한다.
	1 공간 이동	휴게실이나 시원한 바람을 쐴 수 있는 공간으로 이동한다.

★ 감정노동관리 방법 5단계

둘째, 몸의 긴장을 풀 수 있도록 온 몸에 힘을 빼고 편안하게 호흡한다. 이때 쿰바카 호흡법으로는 오른쪽 코를 막은 뒤 왼쪽 코로만 숨을 쉰다. 차가운 음의 기운으로 마음을 차분하게 가라앉힐 수 있다.

셋째, 따뜻한 차와 물을 조금씩 마시며 몸을 조금 더 편안한 상태로 만들며 마음을 진정시킨다.

넷째, 시청각을 활용한 마음 회복이다. 그림 또는 음악을 통해 마음을 회복시킬 수 있다.

다섯째, 솔직한 감정 표현 및 전문가에게 도움을 요청한다. 실제 조사에서 직장인들은 감정노동 스트레스 해소로 가장 선호하는 방법으로 동료와의 대화를 들었다. 대화를 통해 솔직한 자신의 감정을 표현하고 개인차원의 감정 노동 관리가 어려울 때에는 심리상담 등 전문가의 도움이 필요하다.

감정노동자 보호를 위한 노력

과도한 감정노동과 스트레스 문제의 해결을 위해 고객과 갈등 상황에 노출되는 고객 응대 직원을 위한 산업안전보건법이 2018년 10월 18일 시행되었다. 이중 해당하는 부분은 '제26조 2의 고객의 폭언 등으로 인한 건강 장해 예방조치'이다. 고객의 폭언 등으로 인한 건강 장해 발생 또는 그 우려가 있는 경우 업무의 일시적 중단 또는 전환, 치료 및 상담 지원 등의 조치가 필요하다는 내용을 담고 있다.

고객 응대 업무에 종사하는 근로자에게 고객의 폭언 등으로 인한 건강 장해 발생 또는 그 우려가 있는 경우에 필요한 조치가 있어야 하고, 폭언 등을 하지 않도록 요청하는 문구 게시 또는 음성을 안내해야 한다.

고객과의 문제 상황 발생 시 대처 방법 등을 포함하는 고객 응대 업무 매뉴얼을 마련하여 고객 응대 매뉴얼의 내용 및 건강 장해 예방 관련 교육을 실시한다. 고객 응대 근로자 건강 장해 예방을 위해 필요한 조치로 마련되었다. 또한 감정노동 발생 시 또는 우려가 있을 시에는 충분한 휴게 시간을 보장해주고, 심리상담 치료를 받을 수 있도록 적극적인 도움을 주어야 한다. 문제행동 소비자를 고소 및 고발할 때에는 녹화 또는 음성 파일을 제출할 수 있도록 자료 제공에 협조한다. 조금 늦은 감이 있지만 이렇게나마 법적인 보호망이 생긴 것은 매우 고무적인 현상이라 하겠다.

CHAPTER 5

이것이 바로 4차 산업혁명 시대에 걸맞은 고객 만족이다

지금은 새로운 기술 문명의 시대이다. 소프트웨어 기술을 기반으로 구성되는 디지털 연결성이 사회를 근본적으로 변화하게 하고 있다. 그 영향력의 규모와 변화의 속도로 인해 제 4차 산업 혁명은 역사상 어떤 산업 혁명과도 다른 양상으로 전개되며 사회의 변화를 이끈다. 제 4차 산업혁명 이후 인간의 삶은 완전히 바뀌게 될 것이다(《클라우스 슈밥의 제 4차 산업혁명》 참조).

솔직히 누구나 다가올 미래가 두렵게 여겨질 것이다. 지금까지 해왔던 일들이 앞으로 인공지능과 로봇으로 대체될 것이라는 내용을 접해들었기 때문이다. 속도와 정확성 면에서는 이들을 따라갈 수가 없다. 그래서 많은 이들이 자신의 직업이 사라지지는 않을까 걱정한다. 지금 초등학교를 다니는 학생은 지금까지 없었던 새로운 직업을 가질 가능성이 크다. 이처럼 순식간에 우리 생활에 변화를 일으키고 있는 4차 산업 혁명, 어떻게 준비하고 방향을 잡아야 하는 것일까?

첫 번째 키워드는 존중매너이다.

세계적인 경영컨설턴트 톰 피터스는 앞으로 살아가는 데 생존 키워드 6가지 중에서 한 가지를 '매너'로 꼽았다. 기계로는 대체될 수 없고 사람만이 가지고 있는 감성에 기초한 영역들이 중요해진다는 것이다. 매너는 사람과의 관계형성에 꼭 필요한 요소이며, 내 기준이 아닌 상대방의 준거를 기준으로 생각하고 행동하는 것을 의미한다. 관심 깊게 지켜봐야만 상대방이 필요한 것을 제공할 수 있는 것이기에 매너는 관심에서 출발한다. '상대방이 지금 이 상황에 가장 필요한 것은 무엇일까?'를 관심 깊게 생각하고, 그 생각을 행동으로 옮기는 것이다. 이때 상대를 배려하는 행동으로 전달될 것이고, 결국 상대방은 자신을 존중해주고 있다고 생각하게 된다.

매슬로우의 인간의 욕구 5단계에서 볼 수 있듯이 가장 기본적이 1단계는 생리적 욕구이다. 배고프면 밥을 먹고 졸리면 잠을 자야하는 것처럼 기본적인 생리욕구가 해결되어야만 다음 단계의 욕구로 넘어갈 수 있다.

2단계는 안전의 욕구이다. 불안한 심리가 계속된다면 그 어떤 것에도 집중하기 어려울 것이다. 이렇게 안전의 욕구가 채워지면 3단계 사회적 욕구가 생긴다. 시간이 지나고 사회에서 어느 정도 지위를 갖고, 또 어느 모임에서 리더가 되며 사회적인 지위를 얻고자 하는 바람이 생긴다. 이는 자연스러운 현상이다.

4단계는 존중의 욕구이다. 남녀노소 성별과 연령을 떠나 누구나 존중의 욕구를 가지고 있다. 이때 존중이라는 것은 나 자신을 인정해주고 어떤 일을 함에 있어서 자신을 가치 있게 여겨주는 것을 의미한다. 이와 반대되는 가치는 '무시'이다. 따라서 사람을 상대하는 모든 일에서 상대방을 인정하고 존중해주는 표현을 익혀 사용해야 한다.

5단계는 자아실현의 욕구 단계로 잠재적 능력을 최대한 개발해 이를 구현하고자 하는 욕구를 말한다. 이처럼 4차 산업 혁명 속에서 사람만이 전달하고 느낄 수 있는 매너와 존중을 겸비한 '존중매너'를 갖춘다면 직업이 사라진다는 두려움 보다 자신의 위치에서 더욱 더 인정받게 될 것이다.

두 번째 키워드는 공감 능력과 문제해결 능력이다.

'미래에 필요한 인재는 호모컨버전스(융합지식형 인간)이다'라고 성균관대학교 기계공학부 최재붕 교수는 한 매체에서 말했다. 이 호모컨버전스(융합지식형 인간)라는 것은 '사람이 진짜 필요로 하는 것을 해결해주는 능력을 갖추는 것'이라고 한다. 바로 공감 능력과 문제해결 능력이다.

궁금한 점이 있어서 ○○○톡으로 문의를 했더니 엄청난 속도로 답변이 도착한다. 사람이 아닌 인공지능이 한 답변이다. 꼼꼼하게 잘 정리되어 답변이 왔으니 궁금한 점은 해결되었을지 모른다. 그런데 예상치 못한 문제로 인해서 급하게 해결이 필요할 경우 과연 인공지능의 답변이 만족을 줄 수 있을까? 인공지능은 단지 지금까지 모아둔 데이터(사례)를 분석하고 답변을 해줄 뿐인데 말이다.

설마 했지만 우리가 생활하는 곳곳에 4차 산업 혁명이 진행되고 있고 앞으로는 더 많은 부분 인공지능의 답변을 듣게 되는 시대가 될 것이다. 그래서일까. 새로 뜨는 직업 중에 공감대리인이 있다. 일정 시간 돈을 지불하면 내 이야기를 들어주고 공감해 주는 것이다. 별다른 해결책이 없어도 그저 이야기에 공감만 해주면 된다.

앞으로 사람의 공감 능력은 단순히 갖추어야 할 기본 능력이 아니라 4차 산업혁명에서 특별한 능력으로 탈바꿈하게 될 것이다. 같은 연봉이라도 공감능력이 뛰어난 사람이 더 높은 가치를 얻게 된다는 것이다. 뿐만 아니라 발생한 문제에 적재적소로 해결할 수 있는 능력도 중요하다. 일사천리로 진행해야하는 일들이 아니라 사람과의 관계를 조율하고 해결방안을 모색하는 그런 능력 말이다. 결국 관계를 만드는 공감 능력과 문제해결 능력이 현 시대에 꼭 필요한 능력으로 대두될 것이다.

마지막으로 요구되는 능력은 다른 세대에 대한 이해력이다.

'만렙, 병맛, 혼모네, TMT, JMT' 등 줄임말과 신조어가 난무하다. 꼰대가 되지 않겠다는 생각으로 요즘 젊은 세대의 말을 배워보려 하는데 쉬운 일이 아니다. 그러면서도 '우리 세대는 20대에 그러지 않았는데 젊은 친구들 아주 싸가지가 없어!'라고 느끼기도 한다. 그런데 이렇게 젊은 세대를 못마땅하게 생각하는 것은 예나 지금이나 변함이 없는 것 같다. 기원전 1,700년경 수메르 시대 점토판 문자 해독한 부분을 보니 '요즘 젊은 것들은 어른을 공경할 줄 모르고 버르장머리가 없다. 말세다 말세' 라고 되어있었다. 그리스 철학자 소크라테스는 '요즘 아이들은 버릇이 없다. 부모에게 대들고, 음식을 게걸스럽게 먹고, 스승에게도 대든다'라고 언급했다. 어찌 보면 세대를 막론하고 세대와의 격차와 이질감은 당연하게 받아들여야 하는 것일지도 모른다.

4차 산업혁명에서 필요한 능력 중 세 번째로 세대와의 이해를 들었다. 새로운 패러다임의 시대에서 기술을 이해하고 활용하는 일이 필요하기 때문이다. 필요한 정보를 무수히 빠른 속도로 습득하는 젊은 세대를 배척하기보다 이해하고 배워야 한다.

갓 고등학교를 졸업하고 취업한 신입사원을 대상으로 강의할 때면 오히려 많은 것을 배우게 된다. 기존에 알고 있던 우리의 상식과는 전혀 다른 공간에서 온 정말 다른 사람처럼 느껴진다. 이 모습을 보고 '요즘 애들은 버릇이 없다'고 판단하기 보다는 그들의 방식이 곧 앞으로의 미래를 만들어 갈 모습으로 받아들여야 한다.

현재 밀레니얼(1980~2000년생) 세대는 2018년 1월 기준 약 25억 명으로 이미 전 세계 인구의 3분의 1을 넘었으며 글로벌 컴퓨터 제조사 휴렛 팩커드는 2020년까지 밀레니얼 세대가 경제활동 인구의 50%를 차지하리라 전망했다. 그리고 곧 직장 동료로, 고객으로 그들을 맞이하게 될 것이다. 그들이 사회경제의 주역이며 시대를 이끌어 갈 중요한 이들이라는 사실을 잊지 말자.

PART 3

고객 만족에는 시, 공간의 한계가 없다

CHAPTER 1

고객 만족의 중요성을 체감한 결정적인 계기

"이번에 CS팀장으로 발령이 나서 인사드리러 왔습니다."

"그래! 새로운 데 가서 열심히 해봐! CS는 무슨 약자인가?"

"네, CS는 커스터머 서비스Customer Service의 약자입니다."

필자는 직장생활 14년 차에야 비로소 진정한 의미를 알게 되었다. 경영 지원 업무를 하다가 CS팀장으로 발령이 났기 때문이다. 그런데 CS팀으로 가서 업무를 시작하는데, 팀 명패에는 커스터머 새티스팩션 Customer Satisfaction이라고 적혀 있는 게 아닌가. 이를 본 순간 얼굴이 화끈거렸다. 사장님께 제대로 말씀을 드리지 못했고, 더불어 그간 CS팀에 대한 관심을 가지지 않고 있었다는 것에 대한 자책 때문이었다. 이렇게 CS와의 첫 인연은 어설프게 시작되었다.

당시 회사에는 CS팀 역사도 짧고, 소규모로 운영되다 보니 체계화, 안정화가 되지 않았다. 처음에 시작은 팀 단위가 아니고 CRM팀의 한

파트로 시작했다. 그러다가 너도나도 CS에 대한 관심을 가지고 팀 단위의 조직으로 키우는 게 트렌드가 되었다.

어린아이가 어른 옷을 입은 느낌마냥 팀 단위의 조직으로 덩치는 커졌지만 하는 일과 방향성에 대해서는 어수선한 상황이었다. 앞서간 팀장들과 팀원들에게 물어보고, 부족한 부분은 책을 통해서 메꿔 나가면서 하나씩 하나씩 CS에 대해 알아가기 시작했다. 관련 책을 50여 권 정도 읽어 나가다 보니 CS에 대한 틀이 잡히고, 앞으로 어떻게 할 것인가에 대한 방향을 잡을 수가 있었다.

CS는 알면 알수록 매력적인 분야였다. 또한 회사 업무의 근간임을 알게 되었다. 어느 기업이라도 내 물건을 사주는 고객이 없이는 존재할 수 없다. 그런 소중한 고객들을 확보하고 유지 및 존속하게 할 수 있는 것이 바로 CS의 역할이기 때문이다. 단지 대부분의 경영진들이 그러한 사정을 정확히 인식하지 못하고 있으니 직원들을 압박하고 밀어내기식 영업을 하는 것이다. 이는 고객을 찾아가는 것이다. 하지만 진정한 경영의 방향은 고객을 찾아가는 것이 아니라 고객이 찾아오게 하는 것이다. 마치 맛집으로 소문난 식당이라면 서슴지 않고 고객들은 몇 십 미터의 긴 줄을 서서 기다리듯이 말이다.

CS 업무의 본질은 고객과 직원이 소통하도록 돕는 가교 역할이다. 고객의 입장에서 고객의 의견을 받아들여, 내부 각 현업의 직원들에게 전달하여 고객의 의견이 반영된 상품과 서비스를 만들어서 보다 더 많은 고객들이 만족감을 느끼게 하는 것이다. 그러기 위해 고객 체험, 고객 패널, V.O.C(고객의 소리)를 운영하여 고객의 의견을 청취하였다.

고객 체험 행사에서는 우리 회사의 카드상품을 사용한 후기를 받아서 그중에서 우수 후기를 쓰신 분들 중 20명의 고객들을 선정하여 가을날의 멋진 여행을 갔다. 계열사에도 들러서 아이스크림이 만들어지는 과정을 직접 확인하고, 공장에서 금방 만들어진 아이스크림을 시식할 때는 아이들이 참 좋아했다. 부여의 궁남지와 백제의 역사와 숨결이 느껴지는 역사문화 체험을 하면서 역사의식도 높일 수 있었다. 체험 행사를 통해서 고객들과 같이 경험하고 즐기는 시간을 보냈다.

고객 패널 활동으로는 우리 회사 상품과 서비스에 관심도 많고 비판적 목소리도 낼 수 있는 고객들을 선정하여 매월 과제를 주고, 정례 간담회에서 상품과 서비스에 대한 격렬한 토론도 했다. 고객 패널들은 우리 회사 이전에도 다른 회사의 패널 활동 경험도 있었다. 고객 패널과의 간담회는 상품과 서비스에 대한 문제점과 개선점에 대한 핀셋 컨설팅을 받는 시간이었다. 정작 직원들은 너무나 당연하다고 해서 쉽게 간과하고 넘어갈 문제에 대해서 예리한 지적을 하기도 했다.

회사가 애플리케이션을 개발하고 명칭을 고급스럽게 한다고 '스마트 롯데'로 정했다. 그랬더니 고객 패널들은 롯데 계열사에 카드회사만 있는 게 아니어서 스마트 롯데라는 이름만으로는 카드사인지 백화점인지 마트인지 구분이 되지 않는다고 했다. 우리 회사에서 만든 애플리케이션이니 굳이 회사명을 넣을 필요가 있을까 했는데 오판이었다. 고객들은 롯데카드의 애플리케이션을 찾기 위해서 별도로 검색을 해야 하는 불편이 있었다. 결국 고객 패널 분들의 의견대로 애플리케이션의 명칭을 롯데카드로 정정했다.

V. O. C를 운영하면서도 고객들의 다양한 의견을 들을 수 있었다. 고객 패널의 경우에는 몇 명의 전문적이고 심도 있는 의견을 듣는 것인데 반해, V. O. C는 많은 고객들의 여러 가지 의견들을 저인망식으로 들을 수 있다는 장점이 있다. 의견청취 경로는 콜센터, 카드센터, 영업점 등 고객 접점 현장에서 고객의 불만, 칭찬, 민원 등 모든 내용을 수집하고 데이터화해서 항목과 분야별로 구분해서 관리했다.

수집된 의견들에 대해서 현업과 연계하여 개선하고, 불만에 대해서는 사과와 함께 재발하지 않도록 대책을 세웠다. 또한 주요거점에 모니터를 설치하여 실시간 뉴스가 나오는 화면에 고객의 소리 자막을 나오게 하여 직원들이 항시 고객의 소리에 귀 기울일 수 있는 환경을 조성하였다. 이를 통해서 직원과 고객들이 더 가까워지는 계기가 되어 고객 입장에서의 상품과 서비스를 개발하고 완성해내는 계기가 되었다.

CS 재판소, 전화 모니터링, CS 교육 등을 통해서 내부 직원들의 CS 마인드 향상 및 고객의 니즈에 맞는 상품과 서비스 개발이 되도록 기반을 마련하였다. CS 재판소는 고객의 소리에서 나오는 고객의 불만과 건의사항에 대하여 현업의 신속한 대응이 되지 않거나, 특성상 업무 그레이존에 있는 건에 대하여 관련부서장들과 미팅을 통하여 결론을 내는 방식이다. 부서장들 간의 자리에서 결론이 나지 않으면 임원들 간의 미팅에서 결론을 도출하고 그래도 되지 않을 경우에는 대표이사 주재 하에 결론을 내는 회의체였다. 이러한 의사결정 기구의 구성으로 고객에게 신속하고 적극적으로 다가가는 조직문화를 만들 수 있었다. 기업이 존속하고 성장할 수 있는 근간은 바로 고객임을 잊어서는 안 되기에 이러한 활동이 가능했다.

전화 모니터링은 외부에 용역을 주고 직원들에게 고객임을 가장하여 전화를 걸게 하여 직원들의 CS마인드를 체크하고 평가하는 것이다. 일종의 미스터리 쇼퍼와 같은 역할이다. 분기나 반기 단위로 진행하는데 이를 위해서는 사전에 전화응대 매뉴얼의 정비 및 시청각 자료를 활용한 전파로 사전에 숙지를 통해서 친절하고 고객에게 다가가는 전화예절을 생활화 하였다. 모니터링 요원들은 이 분야의 전문가들로 전화응대에서 5가지 주제를 정하여 테스트 및 평가를 하여 정확한 피드백을 제공한다. 각자에게 평가점수와 통화녹음을 제공하여 자신의 전화응대 수준을 스스로 점검할 수 있게 하였으며, 신속하고 적극적인 참여를 유도하기 위해서 개인과 팀 평가에도 반영하여 CS 마인드 향상에 전사적인 관심을 기울였다. 연간 단위로 전사적인 CS 교육을 실시하여 집합교육을 통해서 직원간의 소통을 실현하고, 균등한 서비스 품질을 제공할 수 있는 기회가 되었다.

CS 교육의 특성은 대부분 시간 때우기나 쉬고 온다는 교육쯤으로 인식하던 것을, 새로운 교수법을 강사들과 연구하여 직접 참여하고 흥미를 느끼는 과정에서 CS 마인드를 체화하는 교육을 진행하였다. 단순히 듣기만 하는 교육에서 참여형 교육으로 변경하여 교육에 대한 편견을 깨고 실천하는 교육의 패러다임을 완성했고 직원들의 서비스 태도가 한층 성숙하는 계기가 되었다.

또한 고객 체험 활동의 하나로 '퀴즈 골든 벨'을 진행하여 고객들이 상품과 서비스에 대해서 공부하여 자신에게 딱 맞는 카드 상품을 사용하도록 했다. 고객들도 퀴즈에 참여하여 상품과 서비스에 대한 공부를 하여 자신에게 꼭 맞는 상품을 알게 되었다며 좋아했고 생각보다 좋은 상품이 많다는 것에 흐뭇해했다. 이 행사를 통해서 우리가 아무리 좋은 상품과 서비스를 만든다고 하더라고, 고객이 알지 못하고 사용하지 않으면 의미가 없다는 것을 절실히 깨달았다.

'아는 만큼 보인다'는 말이 있듯이 모든 행위의 시작은 인식에서부터 출발한다. 고객이 상품을 알아야 결국은 소비로 이어지는 것이다. 우리 회사의 카드상품은 제휴카드를 모두 합치면 400여 종 이상이 된 적도 있었다. 카드사 직원도 그 모든 상품을 알지 못하는 경우가 많은데, 하물며 고객들이 일일이 다 알기에는 한계가 있을 수밖에 없었다. 이처럼 퀴즈 골든 벨이라는 행사를 통하여 흥미와 목표의식을 가지고 홈페이지를 샅샅이 뒤져가며 상품과 서비스 등에 대해 알아가는 고객들의 모습을 떠올려보니 마케팅에 대한 새로운 깨달음을 얻은 것 같았다.

물건을 만들어서 진열하여도 고객이 사주지 않는다면 재고로 남아서 결국은 폐기되는 운명에 처하고야 만다. 고객의 눈높이에서 거기에 딱 맞는 상품과 서비스를 제공해야 한다는 것을 확인한 좋은 기회였다.

이렇게 19년간 신용카드사에서 일하다 보니 나도 모르게 서비스 마인드가 하나씩 하나씩 쌓여갔다. 마치 '가랑비에 옷 젖는다'는 속담처럼 CS팀에서의 다양한 업무를 하다 보니 나 자신이 그렇게 무장이 되고, 고객의 입장에서 고객의 생각으로 임하게 되었다. 기업이 매출과 수익을 극대화하여 지속가능한 성장을 할 수 있는 것도 바로 만족한 충성고객이 있기에 가능하기 때문이다.

4차 산업혁명기와 같은 격변기에 있어서도 기업이 살아남기 위해서는 고객중심으로 혁신을 해야 함은 너무나 자명하다. 결국은 현재 뿐만 아니라 급변하는 미래에도 고객중심의 CS로 재무장할 때 미래를 선점하고 지속가능한 성장이 가능하기에.

CHAPTER 2

CS가 잘 될수록 불만도 많아지는 서비스 패러독스의 시대

옛날 이야기 하나를 소개하겠다. 김 대감 집에는 머슴이 둘 있었다. 김 대감 집은 부자가 아니라서 살림살이가 넉넉하지 못해 하루 세 끼를 먹기가 힘들 정도였다. 그래도 김 대감이 명성이 있고 인품이 좋기에 그 믿음으로 머슴들은 즐겁게 일했다.

그러던 어느 날 김 대감이 나라에 큰 공을 세워 임금에게 후한 상금을 받았다. 그 돈으로 집도 사고 땅도 사서 큰 부자가 되었다. 그래서 머슴들도 기름진 쌀밥에 고기반찬을 먹을 수가 있었다.

하루 이틀 시간이 지나자 머슴 하나가 불만을 얘기 했다. "쌀밥에 고기반찬도 좋은데, 왜 우린 저런 대청마루에 올라앉아서 떵떵 거리며 밥을 먹을 수 없는 거냐?"

"맞아, 뼈 빠지게 일하는 것은 우리들인데, 상전들이 좋은 것 다 가져가고 편하게 살지 않나." 이렇게 불평을 늘어놓으니 쌀밥과 고기반찬도

싫증이 났다.

이처럼 사람은 뭔가가 좋아지면 좋은 것도 잠시 뿐이다. 그러다가 점점 더 좋고 크고 멋진 것을 바란다. 오히려 좋아지기 전보다 더 못한 결과가 나온다. 한번 좋아졌으니 더 좋은 것을 기대하는 관성이 있어서인가 보다.

이야기에서 김 대감이 머슴들이 하는 얘기를 들었으면 난감했을 것이다. 그 시대에 머슴과 같이 대청마루에서 겸상도 할 수도 없다. 그렇다고 머슴의 세간을 뜯어고쳐 대청마루가 있는 널찍한 공간으로 만들어줄 수도 없다. 물론 김 대감이 어질고 착한 사람이라면 부드럽게 위로하고 끝낼 수 있다. 하지만 고리타분하고 권위를 따지는 사람이라면 머슴들은 매를 맞거나 심하면 쫓겨날 수도 있다.

옛말에 '말을 타니까 마부를 부리고 싶다'는 속담이 이 경우에 꼭 들어맞는다. 말이 없이 걸어 다닐 때는 '제발 말만 한 필 있으면' 하는 생각이 간절하다. 그러다가 말이 생기면 직접 몰고 다니고, 말먹이를 주는 것도 귀찮다. 그저 말만 타고 싶게 된다. 그래서 말을 몰고, 말을 관리하는 별도의 마부가 있으면 좋겠다는 생각을 하게 된다. 이게 바로 사람의 끊임없는 욕심 때문에 생기는 현상이다.

요즘은 이런 경우도 있다. "○○반점이죠? 짜장면 하나, 짬뽕 하나 배달해 주세요. 오는 길에 마트에 들러서 주방세제 좀 사다 주세요. 돈은 배달 오면 드릴게요."

"고객님! 그건 좀 곤란한데요. 저희가 그렇게 하면 다른 고객들에게 배달이 밀리게 됩니다. 그리고 배달사원들도 힘들어해 합니다. 양해바랍니다."

"뭐 이런 데가 다 있어! 어차피 오는 길인데 그 부탁 하나 못 들어주나! 알았어요. 중국 음식점이 여기뿐인 줄 아나! 주문 취소할게요."

이런 고객의 요구사항을 들어 주지 않자니 단골이 끊길 것 같고, 들어 주자니 너무 부담이 된다. 또한 배달 사원에게 가는 길에 쓰레기도 버려 달라고 하는 경우도 있다고 한다. 마치 배달 사원을 서비스 센터 직원인 양 대한다. 배달을 시키면서 마트에서 물건을 사오라고 하는 것은 정말 이기적인 행태이다.

기존의 공급자 우위의 시장에서 소외되고 피해를 보는 고객들이 종종 있었다. 고객들을 보호하고 고객의 권리를 지켜주기 위해서 소비자 보호원이 생겼고 '고객은 왕'이란 말이 유행처럼 돌았다. 이를 통해서 고객의 권리를 찾음과 동시에 사회적으로 시민권도 확보할 수 있었다.

이제는 고객의 권리가 확보되고 안정화되었다. 뿐만 아니라 고객의 과도한 요구가 발생하는 일이 많이 있다. 일명 '갑질' 하는 고객들이 많이 있다. 기존과는 전혀 다르게 역전 현상이 생겼다. 세상을 떠들썩하게 했던 일명 '라면상무' 이야기(포스코 에너지 임직원 기내 폭행 사건)가 대표적이다. 이런 사례는 서비스 여러 현장에서 유사하게 끊임없이 이어지고 있다. 고객의 끊임없는 요구와 불만의 증가로 인해, 고객을 응대하는 직원들은 지치고 괴로워한다.

영화 〈라이언 일병 구하기〉처럼 단 한 명의 직원이라도 고객의 갑질

횡포에 시달리지 않도록 대비해야 한다. 고객으로부터 피해를 보는 직원은 회사의 소중한 인적 자산이고 또한 내부 고객이다. 회사의 자산을 지키고 보호하는 것이 너무나 당연한 책무이다.

앞서 살펴본 중국 음식점 사례에서 마트에 들러서 물건을 사오라고 하고 쓰레기를 버려 달라고 요구한다면 배달사원의 자존감은 무너질 수밖에 없다. 뿐만 아니라 자기 일에 만족감과 자부심이 결여 될 수도 있다. 자존감이 구겨지고 가슴에 불만을 품은 사원에게 만족스런 서비스를 바라는 것은 어불성설이다. 가족같이 소중한 직원들을 무방비하게 위험에 노출시킬 수 없다.

블랙컨슈머나 문제 행동 소비자들에 대해서는 단호하게 나서야 한다. 외부 고객도 중요하지만 내부 고객도 이에 못지않게 중요하다. 1차적인 내부 고객 만족 없이, 외부 고객의 만족을 바랄 수는 없다. 만족이 불만족으로 바뀌는 악순환의 연결고리는 과감히 끊어야 한다. 만족한 직원이 고객을 만족시키는 선순환 구조를 만들어야 한다.

고객들 중에는 선한 이들도 많다. 착한 고객이란 제품이나 서비스에 만족하고 지속적인 구매를 하는 이들이다. 선한 고객은 잘 드러나지 않는다. 자신을 표현하지 않고 구매를 하고 나면 그것으로 만족하고 끝이다. 서비스 품질을 향상시키기 위해서 많은 기업들이 서비스 제공 후 서비스 만족도 조사를 한다. 서비스 직원들은 이를 의식해서 만족스런 서비스를 제공한다. 심지어는 만족도 조사 시 높은 점수를 '꾹꾹 눌러 달라'고도 한다. 제공하는 서비스에 만족했고 굳이 요구사항을 거부할 것도 없어서 그렇게 해준다. 정말 만족한 고객은 일부러 홈페이지에 글을 올리거나 전화를 해서 고맙다고 인사를 전한다.

지인이 부동산 중개 사무소를 운영한다. 급하게 전세를 찾는 고객이 있어서 성심성의껏 알아봤단다. 고객에게 딱 맞는 물건을 소개시켜 줘서 계약을 하고 무사히 이사했다. 그 고객은 기존 살던 집의 전세 만기가 임박하고, 집 주인한테도 이사한다고 했단다. 그래서 집주인은 새로운 세입자를 찾아서 계약했다. 평수를 넓혀서 가기로 한 고객은 회사일 때문에 정신이 없어서 깜빡하고 지나갔단다. 만기가 한 달도 채 남지 않아 서둘러 알아보았지만 가진 돈에 맞추려 하니 딱 맞는 물건을 못 찾겠다고 했다. 지인의 부동산에까지 찾아와서 운 좋게 4일 만에 계약이 체결되었다. 살고 있는 세입자도 언제든 짐을 빼 줄 수 있다고 한 것이다.

그 후에 고객은 틈나면 찾아온단다. 올 때마다 음료수나 박카스를 가져온다고 한다. 명절이 되면 잊지 않고 조그만 선물도 한단다. 보통 부동산 거래를 하면 잔금주고 복비 주면 다음 계약 시까지 얼굴을 보지 않는다. 그에 비하면 위의 고객은 정말로 감동받은 고객이다. 자주 찾아오고 명절 인사도 잊지 않고 있으니 말이다. 지인은 그 고객에게 고맙고 정이 들어서 나중에 집을 장만할 여유가 되면 꼭 좋은 물건을 알아봐 줄 거라고 한다. 이런 경우는 만족한 고객이 그 보답으로 공급자를 만족시켰다. 만족한 공급자는 또 다른 만족을 고객에게 돌려주기 위한 준비를 하고 있다. 긍정의 선순환이 지속될 수 있는 건전하고 아름다운 고객과의 관계이다.

고객들이 만족하더라도 감사편지나 홈페이지에 칭찬 글을 남기는 것은 간혹 있다. 그런 정도를 넘어서 적극적으로 물질적인 선물을 하는 것은 극히 드물다. '물질이 가는 곳에 마음도 간다'는 말이 있다. 누구에게나 돈이나 물질은 다 귀하고 소중하다. 물질을 누군가에게 준다는 것은 먼저 누군가에게 마음이 먼저 간다는 뜻이다. 주고 싶고 베풀고 싶은 마음이 있어야, 그 마음의 표현으로 물질을 제공하게 된다.

점점 더 편해지고 편리한 것을 추구하는 게 인간의 본성이다. 그러다 보니 점점 과도한 요구를 한다. 하지만 물건 값이나 서비스 비용은 변하지 않는다. 과도한 요구사항은 누군가에게는 부담이 되고 비용이 따르는 경제적 손실로도 이어진다. 현대의 발전된 사회에서 사람들은 과거보다는 객관적으로 경제적인 넉넉함과 풍요로움을 누린다. 이러한 풍요로움은 질적인 면뿐만 아니라 양적으로도 확대되었다. 그래서 서비스도 다양하게 세분화 되어 있다.

그런데 사람들은 오히려 서비스가 더 안 좋다고 불만을 토로한다. 이처럼 과거에 비해서 서비스가 좋아졌는데, 오히려 고객의 불만이 많아지는 현상을 서비스 패러독스Service Paradox라고 한다.

서비스 패러독스 시대에는 서비스 제공자는 지치기 쉽다. 지치고 힘든 서비스 제공자들이 힐링하고 그러한 부담으로부터 자유롭게 해줄 필요가 있다. 그들은 바로 가장 소중한 내부 고객이요 인적 자산이다. 그러므로 제공하는 서비스에 정확한 기준을 제시해야 한다. 기준에 부합하지 않는 과도한 요구에 대해서는 과감하게 거절을 해야 한다. 뿐만 아니라 블랙컨슈머나 문제행동 소비자에 대해서는 단호히 구조조정도 해야 한다. 이들은 고객과 기업 사이에 기생하는 암적인 존재일 수 있다. 사과의 썩은 부분이 더는 번지지 않게 칼로 도려내듯이 말이다. 이렇게 해서 선한 고객과 선한 기업이 서로 공존하는 선순환의 서비스 고리를 만들어야 한다. 이것이 바로 고객과 기업이 찾아야 하는 서비스 주체성이다. 서비스 주체성은 선순환으로 흘러야 한다. 그렇지 않고 블랙컨슈머나 문제 행동 소비자처럼 서비스 독재가 되면 서비스 고리에 이상이 생긴다.

서비스 권리는 특정 일부의 힘과 완력으로 독점할 수 있는 전유물이 아니다. 누구나 누릴 수 있는 자유로운 것이기에 착한 고객과 선한 기업은 연대하여 서비스 주체성 확보를 위해 노력해야 한다. 이것이 바로 자신의 권리를 찾는 것이다.

CHAPTER 3

이것이 로봇과 공존하는 시대에 통하는 CS다

어릴 적, 또래 아이들이 장난감을 좋아하듯이, 필자도 장난감을 좋아했는데 그 중에서도 특히 자동차 장난감을 무척 좋아했다. 버스가 하루에 몇 대 다니지 않고, 주변에 자동차를 좀처럼 구경할 수 없는 시골에서 자랐으니 자동차는 신기하고 선망의 대상이었기에 장난감으로라도 그 욕구를 충족시키고 싶은 게 강했던가 보다.

학교 수업을 마치고 집으로 가는 길에는 장난감 가게에 들르곤 했다. 어느 날 자동차 장난감이 붙어있는 200원 짜리 젤리사탕이 유난히 눈에 쏙 들어왔다. 당시 집에까지 버스를 타려면 요금이 50원이었다. 지금은 버스요금이 1,200원 정도이니 지금 시세로 환산하면 젤리사탕이 5,000원 가량 했다. 젤리사탕은 10개도 채 되지 않았다. 마침 주머니에 200원이 있어서 냉큼 샀다. 실은 젤리사탕은 전혀 관심이 없었고 오로지 자동차 장난감에만 관심이 있었다. 그것을 사들고 집으로 왔다. 어머니께

보여 드렸더니 "그걸 200원씩이나 주고 샀다고? 사탕은 10개도 안 들었는데, 그게 뭐가 그리 좋다고 비싼 돈 주고 샀냐?"며 꾸짖으셨다.

당시 그런 젤리사탕은 50원만 주면 살 수 있는 것이었기에 엄마의 성화는 어쩌면 당연한 것이다. 그래도 자동차 장난감이 생겨 좋기만 했다. 정말로 '배보다 배꼽이 더 큰' 그런 물건을 산 것이었고, 어른이 된 지금 그때 일을 생각하면 피식 웃음만 나올 뿐이다.

요즘도 이렇듯 주객이 전도된 소비를 성인들이 하는 경우가 더러 있다. 바로 스타벅스 다이어리가 그렇다. 스타벅스에서 자체 제작한 다이어리는 20~30대 여성들에게 인기가 엄청나다. 스타벅스는 해마다 연말에 다이어리 이벤트를 진행한다. '특정 기간 내에 크리스마스 음료 3잔을 포함하여 총 17잔의 음료를 구매하면 내년도 다이어리를 제공한다'는 내용이다. 그래서 커피를 마시고 싶어서라기보다는 그 다이어리를 구하기 위해서 커피 등 음료를 소비한다.

크리스마스 음료 1잔은 최저가가 5,300원이다. 3잔이면 15,900원이다. 일반음료의 최저가는 4,100원이다. 14잔이면 57,400원이다. 이렇게 총 17잔을 구매하면 73,300원이다. 다이어리를 구하기 위해서 최소 73,300원이라는 커피 음료를 구매해야 한다. 스타벅스 다이어리는 별도로 35,000원에 판매하지만 일부러 커피를 마시고 다이어리를 받길 더 원한다.

국내 유명 다이어리 전문회사 Y사의 고급 다이어리는 6,250원이다. 선호도를 따지지 않고 다이어리를 산다면 6,000원 정도면 구입할 수 있다. 스타벅스 다이어리만 구매한다면 35,000원에 구입할 수 있다. 그럼에도 불구하고 젊은 여성들은 굳이 커피를 사 마시고 스티커를 모아서 결국 다이어리를 획득한다. 이성적으로 판단할 수 있는 성인들이 비합리적인 구매를 하는 셈이다. 이처럼 사람들은 더 이상 합리적인 소비에 얽매이지 않는다. 자기 스스로 만족하고 즐기는 소비를 한다. 스스로가 가치를 부여한 것에 대해 기꺼이 돈을 지불하는 것을 아까워하지 않는다.

이처럼 소비 트렌드가 한 번뿐인 인생 소소하게라도 즐기자는 열풍으로 바뀌고 있다. '욜로YOLO,You Only Live Once' 열풍으로 가치 외의 체험을 우선시하는 선진국형 소비트렌드가 자리를 잡아가고 있다. 재미를 위해서 의도하지 않은 소비를 하고, 감정을 해소하기 위해 홧김에 하는 소비를 통해서 스스로의 만족감을 극대화하고자 한다. 이렇게 스타벅스 다이어리뿐만 아니라, 연예인 사진을 얻기 위해서 치킨을 사 먹으며 SNS에 올리는 등 다양한 소비가 이어진다.

CS도 고객의 소비트렌드의 변화에 맞게 적응하여 변화해야 한다. 기업이 만드는 제품 중심으로 고객을 바라보는 것을 멈춰야 한다. 제품을 넘어 고개를 들어 저 멀리 고객이 원하는 서비스에 초점을 맞춰야 한다. 제품의 완전성이나 무결점이 답이 될 수 없다. 오히려 부가서비스가 주가 되고 제품은 부수적인 것으로 바뀔 수 있다. 그러한 트렌드를 과감히 받아들이고 바꿀 수도 있어야 한다. 우리나라 제품은 대부분 자체의 품질은 탁월하고 경쟁력이 있다. 그렇지만 제품에 들어가 있는 소프트웨어에 대해서는 아직까지도 외국의 기술력에 의존하는 경우가 많다. 이러한 소프트웨어가 바로 부가서비스이다. 스타벅스의 다이어리가 다이어리를 통해서 더 많은 커피를 판매하는 것처럼, 변화하는 소비 트렌드에 맞추어 고객에게 다가서고 경쟁력을 확보하려면 변화가 필요하다.

한 고객이 편의점에 들어간다. 편의점 입구에는 점원이 없다. 대신에 '노 캐쉬No Cash 노 카드No Card 노 폰No Phone. 단지 당신의 손만이 필요하다Just Need Your Hand'라는 팻말만 있다.

현금도, 카드도, 휴대폰도 필요 없고, 오직 손만 있으면 된다? 고객은 매장 안으로 들어가서 물건을 고른다. 먼저 갈증을 해소하기 위해서 탄산음료를 고른다. 그리고 핫바를 하나 집는다. 유독 많이 걸어 다니며 일을 하다 보니 양말에 땀이 차서 갈아 신고 싶어 양말도 한 켤레 고른다. 이렇게 고른 물건을 무인 계산대에 올려놓는다. 무인 계산대에는 360도 자동스캔이 된다. 계산대 모니터에는 총금액이 나오며, 결제 단말기에 손바닥을 올려놓으라는 메시지가 뜬다. 손바닥을 올려놓으니 자동으로 결제가 된다. 포인트 회원이라서 자동으로 포인트 적립도 해준다. 구매한 물건을 들고 두리번거리는데 잇인Eatin이란 팻말 아래 공간이 보인다.

몇몇 테이블에는 벌써 먼저 온 손님들이 컵라면과 즉석 음식을 먹고 있다. 이 고객도 빈 테이블에 앉아서 우선 양말을 갈아 신었다. 그리고 구석에 있는 전자레인지에 핫바를 데웠다. 따사로운 오후 햇살이 평화

롭게 느껴진다. 이곳은 바로 미래형 편의점으로 알려진 세븐일레븐 시그니처점이다. 잠실 롯데타워 31층에 위치하고 있어서 창가 쪽은 전망도 좋다.

이렇듯 지금은 무인점포 시대로 진입했다. 미국에서는 아마존이 '아마존 GO'를 선보인 바 있으며, 우리나라에서도 세븐일레븐 시그니처점, 이마트 24편의점 등이 무인점포를 선보이고 있다. 아직은 걸음마 단계이지만 점차 개선하고 보완책을 만들어 간다면 완전한 무인점포 시대가 올 것이다.

무인점포지만 문의사항 등에 대해서는 챗봇을 비치하면 구매하는데 어려움도 없을 것이다. 치킨 배달도 스마트폰 애플리케이션에서 간편하게 주문과 동시에 결제하고, 배달은 사람이 아닌 드론이 배달하는 시대도 도래할 것이다. 이뿐만 아니라 자율주행차의 등장으로 택시도 운전자 없이 운행이 된다. 이제는 기존에 사람이 직접 제공하던 서비스를, 사람을 대신하여 기계로 대체되고 있다.

물론 오래전부터 제품생산에서 대부분 로봇이 담당하고 있다. 이제는 단순한 제품 생산을 벗어나서 서비스 제공에 있어서도 사람이 아닌 기계에 의한 서비스 시대로 진입했다. 아직은 완벽한 단계가 아니라 '무인점포'라는 말대로 단지 점원이 없이 고객이 알아서 고르고 결제하는 방식이지만, 여기서 좀 더 진화하면 아마존 고GO와 같이 점포에 들어와서 물건을 들고 나가는 행위 자체만으로도 결제가 다 이루어지는 단계도 올 것이다.

또한 말하는 지능형 로봇 등의 등장으로 필요한 서비스를 적재적소에서 제공받을 수도 있다. 물론 일자리가 없어진다고 실업을 걱정하는 사람들도 있다. 하지만 이러한 현상은 단기적인 것이고, 일자리는 새로운 곳에 생길 것이다. 이러한 무인화의 트렌드로 인해서 소비하는 고객의 입장에서는 훨씬 더 자기 주도적이고 편안하고 편리한 소비를 할 수 있다.

고객과 기업의 입장에서 트렌드는 변화한다. 고객의 입장에서는 배보다 배꼽이 더 큰 감성적인 소비를 하고, 기업의 입장에서는 고객에게 직원이 직접 제공하던 서비스를 이제는 기계나 로봇이 대신한다. 두 입장을 보면 서로 어울리지 않는 조합처럼 보인다. 하지만 자동화, 무인화 되는 흐름에서 개인들은 그들의 근간인 논리와 합리를 벗어나는 감성에 따르는 행동과 소비를 하고 싶은 것이다.

소비자는 이성적이면서도 비이성적인 소비를 한다. 따라서 감성과 재미에 소구해야 한다. 다이어리 한 권을 얻기 위해서 그보다 두 배 이상 비싼 커피를 사 마신다. 설명은 할 수 없지만, 충동적으로 하고픈 소비는 하나의 트렌드로 자리 잡아간다. 이것이 바로 남의 눈치 안보고 오로지 나만을 위한 소비의 전형이다. 이런 변화의 흐름에 맞게 CS도 맞춰가야 한다. 뿐만 아니라 사람이 아니라 로봇과 기계가 대신하는 서비스에 있어서도 고객에게 제대로 된 만족과 편안함을 줄 수 있는지에 대해서도 고민해야 한다. 사람에 의한 서비스가 아닌 서비스를 어떻게 다룰 것인가는 또 다른 과제이다.

CHAPTER 4

저 출산 고령화 사회에 걸맞은 CS는 과연 어떤 것일까

저 출산 고령화 사회의 가장 큰 특징은 무엇일까? 바로 인구구조의 패턴에 변화가 있다는 것이다. 기존에는 인구구조가 피라미드식으로 저연령층이 두텁고 고령층으로 갈수록 줄어드는 구조였다. 하지만 이제는 50~70대가 가장 많은 다이아몬드 식으로 변하고 있다. 이렇게 인구구조의 변화는 자연스럽게 소비의 형태도 바꾸어 놓았다. 피라미드식 구조에서는 20~40대가 핵심 소비층이었다면, 다이아몬드식 구조에서는 50~70대가 핵심 소비층으로 자리를 차지한다. 연령층에 따라 소비하는 상품과 서비스에는 선호도가 제각각 다르다. 따라서 선호도의 차이와 선호도의 비중이 변하는 것에 맞추어 상품과 서비스의 개발은 물론 해당 고객 군에 맞는 CS 전략도 변화해야 한다.

후배 중에는 38세에 결혼하여 마흔이 되어서야 아빠가 된 이가 있다. 늦게 결혼해서 가진 아이라 더없이 사랑스럽고 귀여웠을 것이다. 임신

했을 때부터 '사랑이'라는 태명도 지어주고, 혹시 아내가 무리하게 될까 봐 퇴근도 일찍 하는 등 생활방식에 많은 변화가 있었다. 출산도 전에 각종 아기용품도 준비했고, 당시에 100만 원 가량이나 하는 수입유모차도 미리 샀을 정도로 정성을 다했다. 아이관련 용품은 모두 최고급으로만 선택했다. 예쁜 딸이 태어났을 때의 그 기뻐하는 모습은 이루 말할 수 없었다. 세 살 때부터는 조기교육을 한다고 영어 과외를 했고, 지금은 한 달에 100만 원가량 하는 영어유치원에 보내고 있단다.

후배는 둘을 키우기에는 경제적으로 부담도 되고 자신이 없다고 했다. 그 대신 하나만 낳아서 공주처럼 잘 키우겠다고 한다.

요즘은 후배와 같은 생각을 가진 사람이 많다. 결혼을 해서 맞벌이를 하면 어느 정도 안정된 수입을 누릴 수 있다. 그러한 경제 기반을 토대로 아이에 대한 몰입은 하나의 문화로 자리잡아가고 있으며, 그에 따른 경제 흐름도 바뀌고 있다. 이런 흐름을 가져온 가장 큰 이유는 저 출산이다.

인구유지를 위해선 합계출산율은 2.1명을 유지해야 한다고 한다. 우리나라의 합계 출산율은 2018년에 1.05명이었고, 2019년 1.0명 이하로 줄어든 것으로 파악된다. 합계 출산율은 여성 1명이 평생 낳을 수 있는 평균 자녀수를 말하고, 여성의 출산 가능 연령은 15세에서 49세로 보고 있다. 인구유지를 위한 저지선이 무너지면 인구가 감소하는 '인구절벽'의 시대가 온다.

우리나라는 2028년에 인구가 줄어든다고 전망했었지만 지금의 합계 출산율이 예상보다 더 빨리 감소하고 있다. 이에 따라 인구절벽의 시대는 훨씬 더 빨리 올 것이다. 가정의 입장에서 한 자녀를 낳거나 노키즈 No Kids로 가려는 경향이 강하다. 한 자녀를 가진 경우에는 그 한 명의 자녀에게 모든 걸 투자하려는 올인 현상이 두드러지게 나타난다.

이런 현상이 나타난 사례는 중국에서 살펴볼 수 있다. 중국은 정부는 한 자녀 출산이라는 산아제한 정책을 펼쳤다. 그 결과 한 자녀를 가진 부모들은 자녀에게 모든 걸 투자하는 경향이 있었다. 이렇게 자란 아이를 '소황제'라고 일컫는다. 중국 도시에서 과보호를 받으며 자라난 외동 아이를 말한다. 우리나라도 이런 경향을 보이고 있다. 다만 우리나라는 정부정책에 따란 산아제한이 아니라, 사회적 경제적 이유로 부모들 스스로가 한 자녀 갖기를 희망하고 한 자녀에게 모든 것을 지원한다. 그러다 보니 사례에서처럼 과감하게 투자한다.

요즘은 육아 관련한 산업에 있어서 수요는 전에 비해 줄어들 수 있다. 하지만 수요층은 전에 대비해서 훨씬 많은 소비를 할 용의가 있다. 육아관련 산업 군에 상품과 서비스를 개발하여 보다 그 수요를 충족시키면 새로운 고객 만족의 기회가 생기게 된다. 다시 한 번 말하지만 육아관련 산업은 숫자만 줄어들 뿐 줄어든 숫자 못지않게 고품질, 고비용에 기꺼이 지갑을 열고자 하는 수요층이 있기 때문이다.

그렇다면 요사이 장년층 이상의 소비 형태는 어떨까? 지인 중 한분이 60대 후반인데, 앞으로 100세 인생이라며 뭔가 지속적인 수입이 필요하다고 말씀하셨다. 그러면서 아파트나 오피스텔을 하나 구해서 월

세를 받으며 생활하고 싶어 한다. 그분은 경제적인 여유가 좀 있어서인지 가끔 골프도 치고, 부부가 같이 해외여행도 간다고 한다. 젊을 때 고생하여 열심히 일해서 모아 놓은 돈으로 즐기면서 재미있고 건강하게 살고 싶단다. 나중에는 살고 있는 아파트나 새로 구입하는 투자용 부동산을 자식들에게 물려주고자 한다. 지금은 딸의 가족과 같이 살고 있으며 손자를 등하교 시키는 게 낙이라고 하셨다. 손자가 원하는 학용품이나 장난감, 옷들을 주로 사준다고 했다.

이처럼 노년의 소비가 달라졌다. 당초 정부나 연구소 등에서 전망하기를 베이비부머 세대들이 은퇴하면 수입이 없으므로 보유하고 있던 집을 팔아서 생활자금으로 활용할 거라고 했다. 그래서 베이비부머들이 은퇴하는 시기에는 집값이 뚝 떨어진다고 하면서, 일본식 잃어버린 20년이 도래한다고 예측했었다. 그러나 이런 기대는 보기 좋게 뒤집어졌다. 즉, 베이비부머 세대나 노년층의 경우에는 다 그런 것은 아니지만 노년층이라고 무조건 가진 돈이 없거나 수입이 없는 것은 아니다. 오히려 중,장년층 못지않게 그동안에 모아온 자금과 투자를 통해서 현금동원력과 자산이 충분하다. 그래서 시간이 많고 여유가 있는 그들에게는 모아놓은 돈을 소비하기에 더없이 좋은 기회이다.

요즘에는 젊은 층이 부모님들을 모시고 사는 게 아니다. 반대로 부모님 집에 기생하는 상황이 되었다. 자녀의 입장에서는 부모님 집에 얹혀 살게 되면 주택 임대료 문제가 해결된다. 또한 같이 생활하면서 생활비의 부담도 줄일 수 있다. 이뿐만 아니라 맞벌이를 하면서 애들 돌보는 것도 부모님이 지원해주시니 여러 가지로 안정된다. 따라서 직장만 다니면 되는 수준으로 편리한 생활을 할 수 있다. 이는 부모 세대들의 경제력이 뒷받침되는 경우이다. 이렇듯 노년의 경제력은 새로운 소비 시장을 형성한다. 투자자의 입장에서 매달 꼬박꼬박 수입이 들어오는 투자에 대한 수요가 있다. 또한 손자들의 학비는 물론 학원비, 옷값, 장난감, 용돈까지 이제는 모두 여유 있는 노년층들이 모든 걸 책임지고 지갑을 연다.

TV를 보다가 깜짝 놀란 적이 있다. 70대 부부가 아흔이 넘은 노모를 모시고 사는 장면이 나왔다. 게다가 70대 부부는 얼마 전에 재혼을 했다고 한다. 노부부는 시골에서 농사를 짓고 살았다. 그 나이에 새로운 장비를 다루는 손 기술이 젊은 사람 못지않게 능수능란했다. 힘들게 지은 농산물을 각자의 자식들에게 나눠주었다.

이 장면을 보고 여러 가지 생각이 들었다. 나이가 일흔이 넘어도 그보다 나이가 훨씬 많은 부모를 모시고 살아야 한다는 것이다. 뿐만 아니라 예순이 넘은 나이에도 재혼을 할 수 있다는 것이 더 놀라웠다.

어릴 때는 동네에서 쉰을 넘긴 분들은 노인으로 인정받았다. 동네에서 햇볕 바른 양지에 앉아서 곰방대를 들고서, 그 앞의 논에서 일하는 젊은 층을 바라보면서 훈수를 두곤 했다. 하지만 지금은 말 그대로 100세 시대이다. 모든 상황이 예전과는 다르게 많이 바뀌었다. 예전 같으면 죽음을 앞두고 지나온 인생을 돌아보며 관조하면서 살 나이에, 지금은 새로운 인생을 위하여 재혼도 한다. 보다 더 왕성한 경제활동을 한다. 마흔이 넘은 자식들에게 땀 흘려 농사지은 곡식들을 챙겨주기도 한다. 경제의 주역이 70대까지로 늘어난 것이다. 이처럼 사회와 생활의 구조가 확 바뀌었다. 70세가 넘었다고 하더라도 노인 세대로 몰아넣어서는 안 된다. 경제활동을 하는 만큼 사회의 모든 면에 있어서 참여할 수 있는 기회를 그 세대들에게 제공해야 한다.

저 출산 고령화 시대에는 패러다임의 변화도 동반된다. 사회구조적인 변화에 대해서 그저 놀라워만 하고 있을 게 아니다. 그 변화에 적응하고 대처해야 한다. 저 출산이라는 막연한 지표를 보고 육아관련 산업은 더 이상 희망이 없다고 접어야 할 분야가 아니다. 아이를 적게 낳는 만큼 더 애지중지하게 키우고 싶은 부모의 관심에 주목할 필요가 있다. 그리고 실버 세대를 뒷방 노인네처럼 여기거나 관심의 대상에서 제외하면 안 된다. 바로 이들이 경제의 주역이고 언제든 지갑을 열 수 있는 주축이다. '나이는 숫자에 불과하다', '내 나이가 어때서' 이런 말이 현실에 딱 맞는 얘기다. 그 현실을 마냥 놀라워하지 말고 새롭게 펼쳐진 다양한 계층의 니즈를 어루만지고 해소해 줄 수 있는 상품과 서비스를 창출해야 한다.

CHAPTER 5

고객 불만을 고객 만족으로 바꾸는 맞춤형 해결은 이렇게 하라

내 앞에서 고객이 서비스에 대해 불만을 토로한다면 솔직히 기분이 좋지 않을 것이다. 가능하다면 누구나 그런 상황은 피하고 싶다. 제품의 판매와 달리 서비스의 제공은 서비스 직원이 고객에게 제공하게 된다. 즉, 사람과 사람 사이에서 일어난다. 그러다 보니 같은 서비스를 제공하더라도 받은 사람의 입장에 따라 느낌이 달라질 수 있다.

반대로 서비스를 제공하는 직원에 따라 다소 차이가 있게 제공될 수도 있다. 이러한 이유로 인해서 고객은 동일한 서비스라도 차별성을 느끼게 된다. 뿐만 아니라 다른 고객보다 아니면 기존의 서비스보다 불리하게 차별되었다는 것을 느낄 때에는 고객 불만으로 이어지게 된다. 서비스에 대해서 불만을 가지고 민원을 제기할 경우에는 먼저 옳고 그름을 가리기 이전에 정중히 사과해야 한다. 그리고 구체적인 해결책을 제시하는 게 바람직하다. 제공하는 서비스에 대해서 고객이 불만을 느낀 상황인데, 옳고 그름을 따진다면 고객의 불만이 더 커지고 크게 이슈화 될 수 있기 때문이다.

고객의 불만이 발생한 것은 어찌되었건 우리의 상품이나 서비스를 접하고 발생한 것이다. 우리의 상품이나 서비스를 접하지 않았으면 불만이 생길리가 없다. 하물며 소위 말하는 진상 고객이더라도 고객과 불만 사이에는 반드시 상품이나 서비스가 연관되어 있다. 따라서 불만을 제기한 고객의 흥분되거나 격앙된 감정을 추스르는 게 우선이다.

고객이 불만을 제기했을 때 고객을 부정적으로 보거나 나를 공격하는 사람으로 여기면 안 된다. 고객이 불만을 제기하는 것은 우리가 돈을 들이지 않고 우리 제품과 서비스에 대해서 무료로 컨설팅을 받는다고 생각해보는 것이 좋다.

몸에 이상이 생겨서 병원에 가서 의사의 진료를 받으면 진료비를 낸다. 그리고 치료를 하거나 처방을 하면 또 별도의 비용을 지불한다. 그런데 우리는 고객으로부터 우리 제품과 서비스의 문제점을 공짜로 진단받으니 얼마나 좋은 기회인가? 불만을 제기하는 고객에게 오히려 감사해야 한다. 불만을 해결해 주었을 때 고객은 훨씬 더 만족하고 충성 고객이 된다는 통계자료도 있다. 우리도 상품과 서비스의 고질적인 문제점을 해소하여 보다 더 완벽한 상품과 서비스를 준비할 수 있어서 좋다. 그러니 고객의 불만에 대해서는 감사함을 가지고 응대해야 한다.

고객의 숫자만큼이나 고객의 성격이나 성향도 다양하다. 고객의 불만을 해결할 때에는 고객의 성향이나 성격을 파악할 수 있으면 더없이 좋다. 고객의 성향에 따라 불만을 해소하기 위한 접근 방법을 맞춤형으로 달리 접근할 수 있기 때문이다. 지금부터는 고객의 성향별로 대응 방법을 알아보자.

먼저 전문가 같은 고객 유형이다.

이런 고객의 특징은 권위적인 성향으로 언변이 뛰어나다. 언어 예절도 깍듯하고 겸손한 듯 행동한다. 하지만 우월감과 과시욕이 있고 전지전능한 전문가처럼 자신을 여긴다. 자기 확신이 강하기 때문에 설득하기 어렵다. 이런 고객이라면 먼저 고객의 말을 잘 들어준다. 고객을 인정하여 먼저 좋은 관계를 형성한다. 그런 다음 고객의 주장에 대해 정확한 근거 자료를 첨부하여 대안이나 해결책을 제시한다. 대화 중 반박하거나 자존심이 상하지 않게 해야 한다. 무시를 당하더라도 같이 맞서지 말고 문제해결에 초점을 맞춰서 요구사항에 대해 가능한 것이 무엇인지 매뉴얼, 규정에 의거하여 정확하게 언급해준다.

다음으로 우유부단한 고객 유형이다.

이런 고객의 특징은 요구사항이나 요점이 정확하지 않고 주저리주저리 말을 한다. 응대하는 직원이 결론을 내려주기를 기대한다. "가능하다면…", "문제가 없다면…" 이런 식으로 말을 하는 경향이 있다. 이런 고객에게는 고객이 원하는 것이 정확히 무엇인지 파악하기 위해 질문을 던진다. "A와 B 중 어느 것으로 제공해 드릴까요?" 와 같은 2개 중 하나를 선택하는 선택형 질문이나, "다른 디자인으로 바꿔드릴까요?"와 같이 '예, 아니오'로 대답할 수 있는 닫힌 질문기법이 효과적이다. 원칙과 기준에 따라 성실히 문제를 해결하는 모습을 보여주어 신뢰감을 쌓는 게 중요하다.

세 번째, 저돌적인 고객 유형이다.

이런 고객의 특징은 자기 입장에서만 생각하고, 해결방안도 자신이 의도한 것 밖에 없다고 여기며 응대직원이 제안한 해결방안은 수용하지 않는다. 직원이 말하는 도중에 말을 잘라 자기주도 식으로 한다. 그렇다고 해서 움츠러들지 말고 침착함과 정중함을 유지해야 한다. 이런 고객은 오히려 불안감 등이 있어서 응대직원이 하는 말도 불리하다고 생각하고 차단하려고 하는 경향이기 때문이다. 웃음이나 미소로 응대하다가는 무시당한다는 인상을 받을 수 있으니, 진지하고 정중한 태도를 잃지 말아야 한다.

네 번째, 부풀리는 고객 유형이다.

이런 고객의 특징은 기업에 대한 막연한 불신이 팽배해 있고, 피해의식이 많은 경우이다. "만약, 내 정보가 유출된다면 모든 책임질 수 있나요?" 등 일어나지 않은 일을 가정하여 그것을 전제로 말을 이어가는 유형이다. 대응방법은 고객의 주장에 대해서 우회하여 고객이 사실에 근거하여 말하도록 유도한다. 고객과의 대화내용에 대해서는 날짜, 시간,

장소 등을 메모해 두었다가 나중에 또 다른 얘기를 할 때 근거자료로 제시하는 게 좋다.

다섯 번째, 큰소리치는 고객 유형이다.

이런 고객의 특징은 기준에도 없는 말도 안 되는 요구를 하는 경향이 있다. 큰소리를 치면 문제가 빨리 해결된다고 생각하고 그렇게 행동한다. 이런 유형은 세간의 언론이나 TV에도 보도되는 유형으로 이기적이고 안하무인인 경우이다. 고객이 자신의 행동을 인지하지 못하는 때가 많으므로, 고객의 주장이 무리라는 것을 차근히 주지시킬 필요가 있다. 같이 목소리를 높이지 말고 차근히 낮은 목소리로 설명하다 보면 인지하고 이해하게 된다.

고객의 성향을 파악할 수 있으면, 그 성향에 맞게 대응하는 스킬을 익혀서 대응하여 더 실효적으로 고객의 불만을 해결할 수 있다. 물론 고객의 성향이 위의 5가지 유형에 딱 들어맞는다는 것은 아니다. 대개가 그렇다는 것이다. '지피지기면 백전백승'이란 말처럼, 상대방을 알고 거기에 맞게 대응하는 게 효율적이고 이기는 전략이다. 먼저 무조건 대응하기 보다는 고객을 빨리 파악하는 것이 무엇보다 중요하다.

세상에 아무리 좋은 상품과 서비스를 제공한다고 하더라도 고객의 불만은 있기 마련이다. 오히려 불만이 없다면 상품과 서비스에 문제가 있다. 사람마다 각자의 생각과 느끼는 바가 다르기 때문에 공급자의 입장에서 아무리 심사숙고 하여 고객의 입장에서 잘 제공한다고 하더라도 그것은 공급자의 입장일 뿐이다. 대부분의 고객이 만족한다고 하더라도 평균적인 것일 뿐 다른 생각과 취향을 가진 고객까지도 만족시킨다는 건 한계가 있을 수밖에 없다. 서로 다름을 인정하고 그 다양성에는 우리의 상품과 서비스에 대해서도 고객이 동일하게 반응한다는 것을 명심해야 한다.

고객의 불만이 생겼다고 불안해하거나 걱정할 필요는 없다. 이렇게 생기는 불만을 어떻게 해결할 것인가에 초점을 맞춰야 한다. 불만을 제기하는 고객은 그만큼 우리에게 관심이 있기 때문이다. 우리에게 관심이 없는 고객은 불만이 있더라도 불만을 말하지 않고 조용히 떠난다. 그러니 불만을 제기하는 고객에게 고마워해야 한다. 그리고 그 불만을 신속하게 해결해 줄 때에, 고객은 관심을 가져주고 즉각 반응해 준다는 것에 만족하고 지속적인 거래관계를 유지할 수 있는 충성고객으로 변한다. 불만을 제기한 고객을 위에서 예를 든 유형에 맞게 파악하여 보자. 거기에 맞게 대응하면 훨씬 효과적으로 고객의 불만을 해결할 수 있다.

고객의 불만을 해결하는 과정에서 유형별로 응대하는 것도 중요하지만, 그보다 가장 중요한 것은 진심과 정성으로 고객을 섬기는 마음으로 대하여야 한다. 단순히 우리에게 불만을 제기하는 것이 아니라, 새로운 충성고객을 모실 기회가 생겼다는 믿음으로 정성을 다해 응대하는 게 무엇보다 중요하다는 것을 명심해야 한다.

CHAPTER 6

착한 기업은 과연
수익률도 좋을까

친구와 저녁 식사 자리였었다. 갑자기 "착한 기업이 어떤 곳인지 아니?"라고 묻는 것이었다. "착한 기업? 글쎄, 뭐가 착해야 착한 기업이라고할 수 있을까?"라고 반문했다.

"기업이 돈 버는 것은 기본이래, 요즘은 돈 버는 거 외에 수익이 난 것을 사회에 환원하거나, 직원들을 위해 투자하는 그런 곳을 말한대."

"그렇구나, 근데 주변에 그렇게 멋진 기업을 좀체 볼 수가 없는 것 같은데?"

"아냐. 네가 관심이 없어서 그렇지 의외로 그런 기업이 많아. 꼭 대기업에만 눈을 맞추지 말고 시야를 더 넓혀서 한번 관심을 갖고 둘러봐."

"의외다. 그런 좋은 기업이 많으면 우리가 살아가는 것도 훨씬 의미있고 재미가 있겠다." 그날 이후로 착한 기업에 대해서 많이 생각을 하고 관심을 가지게 되었다.

심플한 디자인에 편하게 만들어진 탐스TOMS 신발은 대부분 다 알고 있다. 탐스는 2006년에 설립했다. 이 회사를 설립하기 전에 블레이크 마이코스키는 아르헨티나로 휴가를 갔다. 그는 아르헨티나의 한 마을에서 아이들이 거칠고 험한 길을 신발도 싣지 않은 채 맨발로 뛰어다니는 것을 보게 되었다.

가까이 가서 자세히 들여다보니 아이들의 발은 상처투성이였고, 질병까지 생겨서 건강의 위협을 받고 있었다. 또한 학교는 멀리 떨어져 있어서 신발 등이 없어서 학교도 다니지 못하고 있었다. 그는 이 상황을 보고 엄청난 충격을 받았다. 가난 때문에 건강뿐만 아니라 삶의 질적인 면까지 영향을 받는다는 것을 깨달았다. 아이들을 도와주고 싶다는 생각을 하게 되었다. 고민에 고민을 거듭한 끝에 신발을 일대일 기부One for One 방식을 생각해냈다. 신발을 한 켤레 사면, 신발 한 켤레를 제 3세계 아이들에게 기부가 되게 하는 것이었다. 이는 바로 탐스의 설립 배경이다.

탐스 신발은 아르헨티나의 전통 신발인 알파르가타를 본떠 만들었다. 일체형 밑창과 고무 소재를 덧댄 인솔을 사용하여 신발의 무게를 최대한 줄이고 라텍스 소재의 아치 지지대를 사용해서 낮은 굽임에도 쿠션감이 있어서 편안한 착용감이 가게 했다.

설립 초기에는 기부되는 신발을 판매용과 동일하게 만들었다. 아르헨티나 같은 곳의 아이들이 학교에 가려면 교복에 어울리는 검정색 신발이 필요했다. 그리고 울퉁불퉁한 거친 길을 가기 위해서는 고무창이 조금 더 단단하고 높은 신발이 필요했다. 그래서 현지에 기부되는 신발은 그 지역 환경에 맞게 별도로 제작해 오고 있다. 특히 에티오피아의 경우에는 상피병 감염을 예방하기 위해서 그에 적합한 형태의 신발을 개발하여 기부한다.

탐스의 설립자 블레이크 마이코스키Blake Mycoskie는 탐스를 설립하기 전에 그는 자신의 지치고 힘든 일상을 탈피하기 위해서 여행을 떠났다. 현지의 맨발로 다니는 아이들의 다치고 감염된 발을 보고 어떻게 도와줄까 고민하게 된다. 그러한 따뜻한 마음이 그에게 탐스를 설립하게 했고, 기부를 하게 했다.

필자 또한 2007년, 베트남에 여행을 간 적이 있다. 버스를 타고 가는데, 도로변에 지나가는 아줌마가 머리에 광주리를 이고 있었는데 맨발 차림이었다. 그런 모습에 충격을 받았다. 하지만 '여기는 아직도 문화적인 혜택을 받지 못하는 사람들이 많이 있구나' 이 정도로만 생각했다. 마이코스키나 내가 본 상황은 비슷했다. 나에게도 그와 같은 측은지심이 더 있었더라면 뭔가를 하지 않았을까 생각해 본다.

이렇게 남다른 사랑의 정신으로 출발한 탐스의 일대일 기부 방식은 삽시간에 세상에 퍼져 나갔다. '내가 신발을 사면 아르헨티나 맨발의 아이들에게 신발을 기부한다'는 생각에 너도나도 탐스를 사게 된다.

기부는 아름다운 행동이다. 내가 남을 위해 뭔가를 베풀 수 있다는 것 자체가 뿌듯하고 마음이 따뜻해진다. 기부를 한다는 것은 시간이나 돈을 들여야 한다. 따라서 쉽게 할 수 없는 것이 또한 기부이다. 누구에게나 시간과 돈은 소중한 것이기에 쉽게 그것들을 뚝 떼어서 누군가에게 줄 수 없다.

이렇게 기부에 관심은 있지만 선뜻 행동으로 옮기지 못하는 사람들을 위해 탐스는 그 틈새를 노렸다. 그냥 내가 신고 싶은 신발을 한 켤레 사면, 자동으로 맨발로 다니는 아이들에게 신발 한 켤레를 선물할 수 있다. 비록 가격이 다소 비싸더라도 내 신발 외에 다른 한 켤레를 맨발의 아이들에게 선물하고 싶어서 과감히 행동으로 나설 수 있다. 기부하는 신발도 지역과 환경에 맞는 최적화된 디자인과 색상을 제공한다. 이렇게 기부한 신발의 수량은 2016년 기준으로 4천5백만 켤레 이상이라고 하니 놀라울 따름이다. 탐스TOMS 회사명도 슈즈 포 투모로우Shoes For Tomorrow, 내일을 위한 신발, 즉 투모로우 슈즈TOMorrow Shoes,내일의 신발를 줄인 말이다. 아르헨티나와 제 3세계 맨발의 아이들이 신발을 신고 미래를 위해 나아가라는 의미이다.

2017년 7월, 대통령 주재 간담회에 14대 그룹 외 오뚜기가 초대를 받았다. 오뚜기는 재계 순위로 볼 때 100위권을 벗어났지만 유일하게 이날 행사에 초대 받은 이유가 무엇일까? 그것은 바로 착한 기업이기 때문이다.

오뚜기는 전 직원 3,099명 중 비정규직이 36명으로 정규직 비중이 98.8%이다. 마트 판매원까지 정규직으로 채용한다고 한다. 또한 선천성 심장병 어린이들의 수술비를 지원해서 4,358명의 새 생명을 얻게 했다. 함태호 전 회장은 사재를 털어서 장학재단을 설립하여 40억 원의 장학금을 지급하고, 장애인 재활 지원 사업도 펼쳤다.

함태호 회장 별세 후 상속받은 함영준 회장은 상속세 1500억 원을 성실 납부했다. 더불어 지속적인 품질경영을 했다. 몸에 나쁜 나트륨 양은 줄이고 매운맛을 미세하게 늘였다고 한다. 마지막으로 10년 동안 라면 가격을 동결하고 있다.

정말로 놀라울 따름이다. 대부분의 기업에서는 인건비 부담 때문에 비정규직을 많이 고용하고 있다. 300인 이상 사업장의 비정규직 비율이 39.8%라고 한다(〈헤럴드경제〉 2018.11.06. 기사 내용). 이렇게 비정규직 비율이 심각한데 오뚜기는 비정규직 비율이 1.2%뿐이다.

비정규직을 줄이기 위해서 정부에서 많은 노력을 하고 있다. 이에 맞게 기업들에서 많은 노력을 하고 있다. 그러나 실상을 들여다보면 그간의 비정규직 업무를 아웃소싱으로 외주를 주는 상황이 많다. 그 업무를 하청을 주게 되어 기존의 비정규직이 하던 일을 도급 사에서 맡아서 진행한다. 그러다 보니 도급 사에서는 정규직이지만 실질적으로는 원청업체의 일을 하게 된다.

같은 사업장에서 소속이 다른 사람들이 근무하는 경우가 된다. 이런 현상으로 인해 지하철공사나 발전소 등에서 하청업체 직원들의 잦은 인명사고가 발생하는 안타까운 일이 발생하고 있다.

다른 기업의 높은 비정규직 운영방식이 경영자 입장에서는 매력이 있는 것은 사실이다.

그럼에도 오뚜기가 정규직 중심으로 인력을 구성하는 것을 보면 사람을 중시하는 투철한 경영철학이 없이는 불가능한 일이라고 생각한다. 심장병 어린이들의 병원비 지원과 장학재단을 설립하여 후학을 양성하는데 노력하는 모습은 건강한 국민과 나라의 미래를 위하는 모습이 돋보인다. 기업들이 이런 후원 활동을 할 때에는 보이기식으로 흉내만 내는데 급급한 것과는 사뭇 대조적이다.

상속세를 내는 것은 당연한 것이다. 그럼에도 오뚜기가 이렇게 인정을 받는 것은 재계에서 상속세를 납부하지 않으려고 편법 상속이나 탈세의 방법을 많이 이용했기 때문이다.

밖에서 사먹는 음식은 맵고, 짜고, 달고 자극이 강해야 한다. 그래야 입맛에 당기고 끌리게 마련이다. 특히나 라면과 같은 인스턴트 식품의 경우에는 더욱 그러하다. 그런데 오뚜기는 몸에 좋지 않은 나트륨 양을 점점 줄이고, 대신 몸에 그다지 해롭지 않은 매운 맛을 높여 맛을 보충하고 있다. 이렇게 소비자의 건강을 생각하는 것은 쉽지가 않다. 또한 그렇게 많은 기부와 세금납부, 품질경영을 위한 투자를 하면서도 10년간 가격을 인상하지 않았다는 것은 놀라울 따름이다. 그래서 오뚜기를 한마디로 표현하면 '정직하고 사람을 생각하는 기업'이다. 기업에 사고나 문제가 있으면 불매 운동을 하는 것을 많이 본다. 그러나 특이하게도 소비자들이 '오뚜기 구매 운동'을 하는 것은 처음이고 이색적이다. 이런 착한 기업에 아낌없는 박수를 보낸다.

좋은 제품과 서비스는 기본이다. 요즘은 기업이 착해야 고객들이 관심을 가지고 물건을 산다. 기부를 잘하거나 제대로 된 품질경영 등을 실현하는 회사에서 만든 물건을 더 사고 싶어 하고 선호한다. 타고나고 주어진 브랜드가 중요한 게 아니다.

착한 사마리아인처럼 타고난 것이 중요한 게 아니라 현재 어떤 인성을 가지고 있고 어떤 활동을 하는가에 따라 평가받게 된다. 탐스의 원포 원One for One이 그렇고 오뚜기의 정규직 고용, 기부 활동 등이 그러한 예이다.

이러한 기업에 대해서는 '구매 운동'으로 확산되어 그렇지 못한 기업보다 훨씬 더 신장하고 발전한다. 옥스퍼드 대학의 한 연구결과를 보면 착한 기업의 주가수익률이 시장 전체 수익률보다 훨씬 더 높게 나타난다고 한다. 이를 보더라도 착하면 결국 수익률도 좋다.

고객의 불만을 해결하는 과정에서 유형별로 응대하는 것도 중요하지만, 그보다 가장 중요한 것은 진심과 정성으로 고객을 섬기는 마음으로 대하여야 한다. 단순히 우리에게 불만을 제기하는 것이 아니라, 새로운 충성고객을 모실 기회가 생겼다는 믿음으로 정성을 다해 응대하는 게 무엇보다 중요하다는 것을 명심해야 한다.

PART4

사례로 살펴본
다시 정의해보는
진정한 고객 만족

CHAPTER 1

작은 차이가
고객감동으로 이끈다

누구나 한번은 음식을 먹다가 잘못하여 혀를 깨무는 경우가 있었을 것이다. 그 순간은 정말 눈물이 나도록 아프다. 박진호 필자도 김밥을 먹다가 혀를 깨물어 단순히 아픈 정도가 아니라 피까지 나는 상황이 있었다. 금방 지혈이 되지 않을 것 같아서 우선 생각나는 대로 치과에 전화했다. 치과에서는 이런 경우가 없다면서 웃으면서 "혀는 그냥 놔두면 그냥 다 나아요." 라는 것이었다.

하지만 피가 멈추지 않고 계속 나자 다시 전화를 걸었다. 이번에는 이비인후과에 전화를 했다. 그랬더니 먼저 걱정을 해주고 친절하게 상담을 해주었다. 상처의 상태를 봐야 자세히 설명을 할 수 있을 것 같으니 와보라고 해서 방문했다. 상처는 생각보다 심했다. 혈관이 터지고 일부 신경이 손상되어 마취를 하고 레이저 치료까지 했단다. 이렇게 두 병원의 전화상담하는 태도의 차이가 고객의 기억에 오래 남게 된다. '작

은 차이가 감동을 만든다'는 것이 바로 이런 사소한 배려를 하는 것에서
부터 시작한다.

　요즘은 주변에 맛집도 많다. 골목마다 TV 먹방에 출연한 집이 한두
곳은 있다. 무더운 여름날 계절의 음식 냉면을 먹으러 안태용 필자는
발길을 재촉한다. 이 집은 큰 그릇에 냉면과 시원한 얼음 육수를 가득
담아준다. 갈 때마다 양이 많다고 느끼는데 주위를 둘러보아도 그릇을
깨끗이 비우는 사람을 보지 못했다. 음식이 나올 때의 푸짐한 시각적인
이미지도 좋지만, 결국은 다 먹지 못하고 남아서 음식물 쓰레기통으로
직행하는 음식이 아깝고 낭비라고 생각한다. 음식물을 남기지 않도록
양을 좀 줄여서 제공하거나, 아니면 주문을 받을 때 손님에게 양에 대
해서 선택하게 하면 남기는 음식물이 없을 것 같다. 그러면 음식점이나
손님의 입장에서도 적당한 양을 먹을 수 있으니 서로가 좋은 일이다.

　건강과 날씬한 몸매를 유지하기 위해서 헬스클럽을 많이 이용한다.
정진희 필자도 건강과 몸매를 위하여 헬스클럽을 알아보았다. 먼저 전
화를 하여 알아보면 자세한 설명 없이 일단 와보라고 했다. 고객은 전
화를 할 때에는 궁금한 사항을 확인하여 비교 검토하여 결정을 하려고
하는 것이다. 그러면 충분히 설명을 해주어서 선택하게 하는 것이 현명
하다. 다들 자신의 헬스클럽 장비도 다른 곳에 없는 것이고 혜택도 최
고라고 한다. 그렇게 말하기 보다는 자신 있게 객관적으로 고객에게 설

명해 줄 때 고객은 오히려 감동하고 찾아오게 된다.

　이번에는 세미나 참석자들에게 물어보았다. 참석자들은 10분이라는 짧은 시간 동안 빠르게 화장실을 이용하고 다른 참석들과 대화를 나눌 수 있기를 희망했다. 간혹 화장실의 거리가 멀거나 줄을 오래 서야한다면 맛있는 커피와 다과는 그저 무용지물이 될 테니 말이다. 여기서 우리는 서비스의 작은 차이, 그 시작점을 확인할 수 있다. 고객 접점의 베테랑이라 불리는 현장 전문가의 논리도 고객의 시각과는 차이가 있을 수 있다는 것을 말이다. 고객의 마음을 사로잡는 서비스를 제공하고 싶다면 오롯이 고객의 입장에서 생각하고 고객 접점을 관리하라. 그것이 최우선이다.

의견 A 다시 생각해보자. 서비스가 무엇일까? 소비자는 어떤 서비스를 원할까? 상황에 따라 그때에 맞는 서비스를 기대하고 원할 것이다. 박진호 필자의 경우 얼마나 피가 많이 났으면 치과에 전화를 했을까? 누구나 한번쯤 경험해본 적이 있을법한 혀 깨무는 경험이지만 혀가 절단될 만큼은 아무나 경험하지 못했을 것이다. 두렵고 걱정되는 상황에서 공감할만한 멘트나 치과가 아닌 다른 병원을 추천해 줄 수는 없었을까? 과연 우리가 너무 많은 것을 바라고 있는 것일까? 이번 사례를 통한 서비스의 정의는 '공감'이다.

의견 B 서비스는 눈에 보이는 것만이 아니다. 서비스는 그 이상을 넘어서 고객의 마음을 헤아릴 수 있는 배려심까지 포함되어 있다. 물건을 팔고 돈을 받았다면, 거래는 성사되고 매출이 발생할지 모르나 숨어있는 서비스를 찾지 못할 수도 있다. 단순히 물건을 파는 입장과 사는 입장이 아니다. 물건을 팔면서 따뜻한 내 마음이 고객에게 전달될 때 서비스는 완성할 수 있다. 누구라도 지불한 가격에 물건뿐만 아니라 위안이라는 배려를 받았을 때 더 끌리는 법이다. 더불어 서비스는 사회적으로 순기능적 역할을 해야 한다.

무조건 많이 푸짐하게 제공한다고 해서 능사가 아니다. 차고 넘치면 적은 것만도 못할 수 있다. 차고 넘쳐서 쓰레기통으로 직행하는 음식물에 대해 대금을 지불한 고객은 그 사실을 안다면 과연 만족할까? 이것이 바로 서비스가 이제는 사회적 정의를 찾아야 하는 이유이다. 신발 하나를 사면 하나는 후진국에 기부한다는 탐스 슈즈를 생각하면 그 이유를 알 것이다.

의견 C 어느 호텔에서는 세미나를 운영할 때 쉬는 시간에 고려해야 할 5가지 사항에 대해서 조사했다. 호텔 전문매니저는 10년 이상의 경력자들로 고객의 요구와 기대가 무엇인지 정확하게 파악하고 있다고 생각했다. 따뜻하고 향이 좋은 커피와 홍차를 대접할 것, 다양하고 맛있는 다과를 제공할 것, 서비스 제공 장소를 멋지게 꾸밀 것, 깨끗한 식기를 사용할 것, 테이블의 청결에 신경 쓸 것으로 고려할 사항을 정리했

다. 이처럼 서비스의 작은 차이는 어떻게 만들어 내는 것일까? 그 작은 차이가 명품을 만들어내고 결국 많은 고객들의 마음을 사로잡아 기업의 성장까지 도모한다면 그저 작은 차이라고만 말할 수는 없을 것이다. 여기에서 놓쳐서는 안 되는 것이 바로 '고객의 입장'이다.

CHAPTER 2

서점 내 고객 행동 어느 선까지 인정해야 할까

요즘은 시내 서점 어디를 가나 서캉스 문화가 인기를 누리고 있다. 이러한 인기 가운데 그 폐해도 많다고 한다. '호사다마'란 말을 실감할 수 있는 상황이다. 서캉스는 '서점+바캉스'의 줄임말로 서점에서의 휴식을 의미한다. 대형서점에는 방문객들이 자유롭고 편리하게 책을 읽을 수 있도록 길고 넓은 책상을 비치해 놓고 있다. 이러다 보니 방문객들이 길게는 5~6시간 서점의 책상 앞에 앉아 있는 일도 있다고 한다. 이 과정에서 자리를 독점하는 '서점 민폐족'이 생겼다. 10권 이상의 책을 산더미처럼 쌓아두고 자리를 최대한 넓히고, 다리를 들었다 올렸다 하면서 산만하게 책을 읽는 사람도 있다. 게다가 살 것도 아니면서 침을 발라가면서 책을 읽는 경우도 있어서 주변을 눈살을 찌푸리게도 한단다. '음식물 반입금지'라는 팻말이 있는데도 불구하고 책을 보다가 초콜릿을 먹거나 가방에서 음료수를 꺼내어 먹는 일도 있다. 가방만 놓인 빈자리가 있어서 앉으려고 하면 자리를 맡아 두었으니 다른 데로 가라고도 한단다. 심지어 엎드려 자는 사람도 있다고 한다. 서점 입장에서는 오프라인 서점으로 고객들의 발길을 옮기게끔 독서 서비스를 진행하는 건인데 방문객의 비매너 독서는 난처할 수밖에 없다.

〈파이낸셜 뉴스〉 '서점에서 보내는 여름휴가 서캉스족 때 아닌 민폐로 몸살' 발췌 요약 2018.09.01.

의견 A 이 사례는 서점을 자주 방문하는 필자 또한 절대적으로 공감한다. 이 모든 것은 서점에서 고객 편의를 생각해서 생겨난 일이다. 테이블이나 앉을 곳이 없고 오직 책만 전시되어있다면 이런 민폐 고객은 생기지도 않을 것이다. 하지만 우리가 원하는 답은 다시 테이블과 앉아있을 공간을 없애는 것이 아니다. 치사하게 자리에 앉아서 책을 읽을 경우 돈을 받거나 시간제한을 둘 수도 없다. 고객 스스로가 매너와 에티켓을 지켜야한다는 게 정말 중요하다. 이것을 고객들이 스스로 인지하고 지킬 때까지 서점에서는 끝없이 고객에게 인식시켜주는 것이 필요하다. 한 명의 불만고객이 두려워 100명의 단골고객을 놓치지 않았으면 좋겠다. 이번 사례를 통한 서비스의 정의는 '규칙'이다.

의견 B '왕관을 쓰려는 자는 그 무게를 견뎌라'라는 말이 있다. 이 말은 권리를 행사하고 누리려면 그에 따른 의무도 충실히 이행할 수 있어야 한다는 뜻이다. 서점에서 고객의 편의를 위해서 마련한 책상은 어느 특정 고객의 전유물이 되어서는 안 된다. 고객이 책꽂이에서 책을 꺼내서 잠시 훑어보는 것에 대해 다소나마 편안함을 제공하기 위해 마련한 배려이다. 그러한 배려에 대해서 감사의 마음으로 서비스를 이용하는 에

티켓이 있어야 한다. 그것을 넘어서 오로지 자신만을 생각하고 나만의 전유물로 생각하고 주변 사람들은 생각하지 않는다면 그러한 서비스를 이용할 자격이 없다.

이러한 고객들은 왕관을 쓸 준비가 되어 있지 않다. 왕관의 무게도 감당하지 못하면서 왕관만을 욕심낸다면 결국에는 왕관에 깔려 죽을 수 있다. 기업들이 고객의 입장에 한발 더 다가서서 서비스를 제공하는 만큼, 고객들도 그러한 서비스를 세련되고 교양 있게 맞이할 준비를 해야 한다. 나 혼자만이 아닌 우리 모두가 누릴 수 있는 서비스임을 생각할 수 있는 성숙한 서비스 수용자가 되어야 한다.

의견 C 한 서점을 방문했더니 직원의 유니폼에는 '사람은 책을 만들고, 책은 사람을 만든다'라고 쓰여 있었다. 이 문구를 보면서 겸허해지는 마음뿐만 아니라 지식인으로서의 자세를 갖추어야겠다는 생각이 자연스럽게 들었다. 서점에서 제공하는 서비스가 자신의 것인 양 이기적인 태도를 취하는 사람들로부터 서점을 이용하는 착한 고객에게 피해를 주는 태도는 지양해야 한다. 아무리 좋은 서비스라도 함께 만들어가려고 노력하지 않으면 결국 그 어떤 서비스도 제공받지 못할 것이다.

CHAPTER 3

수익 때문에 잊어버린 고객과의 약속, 호텔 서비스

최근 몇 년 동안 극심한 폭염이 이어지면서 무더위를 피해 '호캉스(호텔+바캉스)'를 즐기려는 고객으로 인해 호텔업계가 유례없는 호황을 맞이하고 있다. 하지만 그만큼 이용객 불만 또한 속출한다. 밀려드는 고객들로 호텔 객실과 업장들은 포화 상태가 됐으나 청소나 고객 응대 등 서비스를 제공할 직원은 한정된 탓에 기대했던 만큼의 '즐거운 휴가'를 맛보기 어렵기 때문이다.

장거리 여행보다는 호텔에서 도심 속 짧은 휴가를 즐기려는 호캉스 트렌드가 대세를 이루면서, 서울 시내 주요 호텔은 대부분 7월 중순부터 8월 하순까지 높은 객실 예약률을 기록한다. 특히 주말 객실은 대부분 만실이 된다고 한다. 이러다 보니 체크인이나 체크아웃을 할 때 대기 시간이 너무 길고, 서비스를 받기 위해 너무 오래 기다려야 하는 불편을 감수해야 한다고 한다. 게다가 에어컨이 고장이 나 있거나 방 청결 상태도 엉망인 경우도 있단다. 일부 호텔에서는 보다 많은 손님을 맞이하기 위해 수영장 1일 이용 횟수 제한 등 고객 편의를 제한하기도 했다.

고객들은 호텔 측이 고객들이 몰리는 성수기 특수 때 최대한의 이득을 취하고자 수용 인원을 초과할 정도로 많은 손님을 받아 이러한 일들이 생긴다고 지적했다. 특히 직원들 중 일부는 성수기에만 잠시 일하는 아르바이트생들로 고용하는 등 서비스의 질보다 수익 극대화에만 몰두하고 있다고 비판했다.

〈스포츠조선〉 호캉스라고요? '쉬러왔다가 스트레스만 얻어가는 호텔 빵점 서비스에 불만 폭주' 발췌 요약 2018.08.17.

의견 A 지불한 가격만큼의 서비스, 아니 그 이상의 서비스를 바라고 기대하는 것은 인지상정이다. 새로운 트렌드로 자리매김 하고 있는 '호캉스'는 나도 즐겨하고 있는 작은 사치이자 행복을 느끼는 행위이기도 하다. 멀리가지 못하는 상황에서 기분이라도 내려고 호캉스를 즐기는 사람도 있지만 호텔의 서비스와 다양한 편의시설을 즐기기 위해 호캉스를 선호한다는 사람도 많다.

호텔에서 즐기는 모든 것들이 결코 저렴하다고는 할 수 없다. 그럼에도 불구하고 호캉스를 즐기려는 이들은 지불한 금액 이상의 만족과 행복을 느낄 수 있기 때문이 아닐까? 한번 서비스를 경험한 사람들은 그 이상의 서비스를 받았을 때 만족함을 표현한다. 지난번과 같은 서비스를 경험하는 것은 만족이라고 할 수도 불만이라고 할 수 없다. 예측 가능한 경험이기 때문이다. 하지만 이보다 못했을 경우 불만이 생길 수밖에 없다.

한 번 생각해보자. 직접이던지 간접이던지 경험해보지 않은 것에 대해 어떻게 평가할 수 있겠는가? 앞으로도 호캉스를 즐기려는 사람들이 더 많아질 것으로 예측된다. 호캉스를 즐기려는 사람들이 기대하는 서비스 수준 그 이상을 제공하라는 것이 아니다. 그저 영업이익만 생각하고 무리하게 고객을 받지 말고 당연시 해야 할 기본적인 것들에 대해서는 책임을 지고 제공해야 한다. 이번 사례를 통한 서비스의 정의는 '약속'이다.

의견 B '호텔'이라는 단어를 떠올리면 품격 있음과 말쑥하게 차려입은 호텔리어의 친절한 서비스가 연상된다. 앞서 살펴본 사례를 보노라면 내가 생각한 호텔에 대한 이미지는 환상이었다는 생각이 든다. '체크인을 2시간 동안 했는데, 방에 들어가서 청소도 되어 있지 않았다' '오후 4시 이후에 50분을 기다려서 체크인을 했는데 방청소가 안되었다' 는 등이 그 환상을 깨기에 충분하다.

고객은 정당한 가격을 지불하고 호텔의 서비스를 이용하기 위해 간다. 그러나 기대했던 서비스는 고사하고, 마치 무슨 난민 수용소 같이 서비스를 할 수 없는 상태에 이르기까지 고객을 계속 받는다. 고객이 지불하는 정당한 비용을 너무 쉽게 여기는 것 같다. 각종 시설과 서비스를 정상가격만큼 누리지 못한다면 호텔의 정상요금은 사기이자 폭리 행위이다.

그렇다고 가격을 할인하라는 얘기가 아니다. 호텔은 호텔다워야 한다. 누구나 자기의 위치와 격이 있게 마련이다. 호텔의 격에 맞는 서비스를 제공해야 한다. 그러기 위해서는 정상 수준의 서비스를 제공하기 위해 수용 가능한 적정 고객 수를 예측하여 그 이상으로는 고객을 받아서는 안 된다. 당장 눈앞의 수익에 눈이 멀어 고객이 오는 대로 다 받다가는 결국은 호텔은 더는 호텔이 주는 가치를 가지지 못하고 공공서비스처럼 전락할 수 있다. 황금알을 낳은 거위를 배를 가르려는 아둔한 경영은 지양해야 한다. 진정으로 고객의 입장을 생각하는 자세로 임해야 지속가능하고 성장하는 호텔이 될 수 있다.

의견 C 서비스 산업의 발전으로 많은 고객들이 고품질 서비스를 제공받은 경험을 가지고 있다. '좋았던' 그 경험을 찾아 다시 재방문하거나 주변 지인에게 추천하기도 한다. 그래서 많은 기업에서 고객 경험 관리에 힘을 쏟으려 하는 이유이기도 하다. 그런데 여름 성수기처럼 고객이 몰리며 공급 보다 수요가 많아지게 되면 서비스 제공자의 태도가 돌변한다. 한 순간 더 많은 이윤을 얻기 위해 무리하게 고객 수를 늘리는가 하면 위생조차 제대로 관리하지 않는 것이다.

모든 고객이 이에 대해 불만을 토로하지 않는다고, 불만은 제기하지 않는다고 해서 만족한 것은 아니다. 좋지 않았던 경험은 입소문, SNS를 타고 고객의 발길도 점차 줄어들게 될 것이다. 소 잃고 외양간 고치지 말고 바쁠수록 고객을 향한 진정어린 마음을 더 전해보려고 노력해보자. 분명 고객은 자신의 좋았던 경험을 잊지 않고 다시 찾게 될 것이다.

CHAPTER 4

고객의 설렘을 담보로 한 미끼 여행상품

여행사를 통해 유럽 여행을 떠나려던 고객은 출발 일주일 전 여행사로부터 인원 부족으로 여행이 취소됐다는 통보를 받았다. 여행사는 한술 더 떠 1인 당 90만 원을 더 내고 같은 일정의 다른 상품을 이용하라고 제안했다. 고객은 "작년에 예약한 상품이고 여행 준비도 모두 마쳤는데 갑자기 취소되어 황당했다"며 "결국 돈 더 내고 다른 여행 상품을 샀다"고 했다.

이처럼 패키지 여행 출발일 직전 여행사가 일정을 일방적으로 취소하는 일이 많아 소비자 불만이 커지고 있다. 공정거래위원회에 따르면 여행객이 출발 29일 이내에 여행을 취소할 경우 계약금의 10~50%를 여행사에 배상해야 한다. 반면 여행사는 출발 일주일 전 인원 부족을 이유로 여행을 취소해도 소비자에게 배상할 필요가 없다. 이 때문에 소비자들은 여행사가 조건 좋은 상품을 만들어 고객을 확보한 뒤 출발일이 다가오면 일정을 취소하고 다른 상품을 파는 식으로 영업하는 것 아니냐는 불만이 나온다. 없는 물건으로 손님을 유인한 뒤 다른 중고차를 권하는 중고차 딜러와 비슷한 방식이라는 것이다.

여행사들은 모객 현황을 홈페이지에 실시간으로 공개한다. 하지만 소비자는 출발 일자가 다가오는데 기준 인원이 차지 않는다 해도 여행을 먼저 취소하기 어렵다. 계약금의 일부를 손해 봐야 하고, 이후에 갑자기 기준 인원이 채워져 출발이 가능할 수도 있기 때문이다.

〈조선일보〉 '일주일 전 취소되는 여행상품… 미끼상품 아닌가요' 발췌 요약 2018.08.23.

의견 A 같은 제품을 저렴하게 구입하는 건 현명한 소비 방법이다. 때에 따라 다르겠지만 비교해봤을 때 너무 가격이 저렴하다면 의심해볼 필요가 있다고 하지 않는가? 하지만 여행상품은 예외이다. 언제 예약을 하느냐에 따라 항공료와 숙박료가 천차만별로 다르기 때문에 여행만큼은 언제 떠날지 정해졌다면 지금 예약하는 것이 가장 저렴하다는 얘기가 있을 정도니까 말이다. 위의 사례는 법적으로 문제가 있다고 생각한다. 아니 법을 악용하는 여행사의 사례가 아닐까 생각한다. 고객은 여행상품을 취소했을 때 여행사에 배상해야하나 여행사에서 패키지 여행의 충원이 되지 않아 해당상품이 취소되었을 때에는 고객에게 배상하지 않아도 된다니. 이미 여행계획을 다 세워놓은 고객 입장에서는 울며 겨자먹기식으로 웃돈을 주고 여행을 가는 상황이 많을 것이다.

모든 여행사가 그렇다고 할 수는 없겠지만 여행 상품을 만들 때 무언가의 규제가 필요하다고 생각한다. 여행사는 손해 보지 않고 고객들이 손해 보게 만드는 이런 제도는 없어졌으면 좋겠다. 오히려 모객이 되지 않았을 경우 같은 일정의 일정 금액 이상의 다른 상품으로 변경된다면 얼마나 좋을까? 이번 사례를 통한 서비스의 정의는 '고객 우선주의'이다.

의견 B 여행은 바쁘고 지친 일상을 벗어나서 힐링할 수 있는 최고의 방법이다. 그러기에 여행을 가기 전 예약을 했을 때부터 설레고 들뜨기 마련이다. 예약을 하고 출발 일에 임박하여 여행사에서 정원 미달로 일방적으로 취소하면 그 허탈감은 이루 말할 수 없다. 여행사에서 일방적으로 취소하면 모든 게 끝나는 게 아니다. 고객은 예약을 할 때부터 휴가 및 개인일정을 모두 맞추어 놓는다. 이런 상황에서 일방적으로 취소를 하면 고객 개인으로서는 리스크가 너무 크다. 울며 겨자 먹기 식으로 더 비싼 대체 상품을 이용하는 것은 고객에게 너무나도 가혹하다.

이렇게 관행적으로 고객이 지속적인 피해를 보는 여행상품에 대해서는 공정거래위원회나 소비자보호원의 개입이 필요하다. '계약은 지켜져야 한다'는 원칙이 깨지지 않아야 한다.

계약 시에는 계약 자유의 원칙도 중요하지만, 이로 인해 일방 당사자가 뜻하지 않는 피해를 보는 상황이 허다하게 발생한다면 이 계약의 구조는 문제가 있다. 기관이 어느 정도 개입을 하여 계약의 일방 당사자인 고객이 더는 피해를 보지 않고, 뜻한바 즐거운 여행을 경험할 수 있게 해야 한다.

의견 C 서비스에서 고객의 기대 보다 실행된 가치가 더 높았을 때 고객은 만족을 느끼게 된다. 여행 상품에 대한 기대와 설렘이 가득했을 텐데 알고 보니 더 비싼 여행상품을 팔기 위한 하나의 미끼상품이었다는 것을 알게 된다면 얼마나 상실감이 크겠는가. 고객이 등 돌리고 돌아서면 그만이지만 사실상 해외여행은 한 번 떠나기 쉽지 않은 만큼 오래 전부터 계획하고 여행상품을 선택했을 가능성이 높다. 그렇기 때문에 고객이 실망하고 화가 나더라도 어찌 되었든 일정을 맞춰 가기를 희망하게 된다. '그래도 어쩌겠어'라는 고객의 심리를 이용이라도 하듯 고의적으로 여행사의 이득을 취하는 행동은 근절되어야 한다. 고객의 여행이 가장 행복한 순간이 될 수 있도록 고객 최우선의 자세로 임해준다면 고객은 패키지 상품에 대한 무한 신뢰를 보내게 될 것이다.

CHAPTER 5

폐업이라는 결과를 부른 잘못된 고객 호칭

필라테스 회원을 '뚱땡이'라고 표현하는 카○○ 문자를 회원에게 잘못 보낸 업체가 대중의 공분을 산 적이 있다. 지역 페이스북 커뮤니티에서 필라테스 강사와 수강생이 나눈 카○○ 문자 대화가 올라왔다.

고등학생인 회원 A 씨는 운동 시간을 변경하기 위해 강사 B 씨와 대화를 나눴다. B 씨는 해당 강사에게 문의하라며 연락처를 전달했다. 몇 분 후 B 씨는 다른 강사에게 메시지를 보낸다는 것이 A 씨와의 대화방에 잘못 보냈다. 짧은 메시지가 화근이 됐다.

B 씨는 "뚱땡이가 아침부터 오후에 수업 2시로 앞당길 수 있냐고 해서 그때는 선생님 출근 전이라 안 된다고 했어요"라고 썼다. 회원 A 씨를 '뚱땡이'라고 지칭한 셈이다. 이에 B 강사는 다급히 "회원님 톡 잘못 보냈어요. 너무 미안해요"라며 '회원님이 예전에 통통했을 때부터 운동하러 다니셔서 한참 어린 학생이라 귀엽기도 하고 그래서 별명반 애칭반 그렇게 말했던 것'이라고 해명했다.

이어 "지금은 너무나 날씬하고 예쁘시다. 제가 경솔했다. 절대 오해하지 말아 달라" 면서 "나쁜 뜻 없이 정말 귀여워서 그런 애칭인걸로 생각해주세요"라고 거듭 사과했다. A 씨는 이 카○○ 문자를 본 직후 "다른 회원들에게는 조심스럽게 행동하기 바란다"며 "남은 회원권 전액 환불 바란다. 선생님 말씀에 힘입어 앞으로 더욱 열심히 살 빼겠다"고 대처했다. 이 글은 인터넷 커뮤니티를 통해 일파만파로 커지고 해당 필라테스 업체는 글이 게재된 지 이틀 만에 폐업을 결정했다.

〈한국경제〉 '살 빼러 온 회원에게 뚱땡이라니…필라테스 업체 이틀 만에 폐업' 발췌 요약

2018.08.23.

의견 A 이용객들의 적극적인 요청으로 지금은 카○○ 문자 대화 삭제 기능이 생겼다. 해당 기능은 메시지를 보내고 5분 이내 메시지에 한하여 쓸 수 있는 기능으로 상대가 메시지를 확인하기 전에 사용가능하다. 위 사례의 요점은 평소 회원을 '뚱땡이'라는 별명으로 강사들끼리 부르고 있었다는 것에 배신감을 느꼈다는 것이다. 순간을 모면하기 위해 변명했던 것이 오히려 더 일을 크게 만들었다는 것에 주목해야한다.

누구나 실수할 수 있다. 특히 서비스접점에서 일하는 사람들은 그 실수가 더 크게 평가되기도 한다. 호미로 막을 수 있었던 것을 가래로 막아야할 정도로 일이 커지게 되지 않는가. 위의 사례를 통해 낮말은 새가 듣고 밤말은 쥐가 듣는다는 속담이 생각났다. 언제 어디서든 말조심, 카○○ 문자 조심을 해야 한다. 이번 사례를 통한 서비스의 정의는 '말조심'이다.

의견 B 말 한마디로 정치생명을 다한 정치인이 한둘이 아니다. 이처럼 말실수로 항상 구설수가 오르내리는 곳이 정치권이다. 하지만 요즘은 정치권뿐만 아니라 우리의 일상에서도 말이 문제가 된다. 요즘은 기기의 발달로 말이 녹음이 되고, 말이 문자화 되어 일파만파로 전파되고 있다. 사례에서처럼 카○○ 문자를 잘못 보내어 결국은 폐업을 하게 이르는 등 누구나 예외 없이 말 한마디로 목숨 줄까지 왔다 갔다 하는 세상이다.

'말하기 전에 세 번 생각하라'는 고사성어도 있고, '입에 파수꾼을 세우라'는 말이 있다. 한번 내뱉은 말은 주워 담을 수 없고 돌이킬 수 없는 결과를 낳는다. 물론 이런 말을 하기에 앞서 단속을 잘 하는 것도 좋다. 하지만 그보다 앞서 내 입에서 나가는 말과 생각에서 비롯된 문자가 바르게 나가게 하는 것이 더욱 중요하다.

무릇 말은 생각과 마음을 반영한다고 한다. 상대방 특히 고객에 대해서는 항상 존경하고 감사하다는 마음을 갖는다면 고객을 '뚱땡이'라고 표현해서 문제되는 경우는 없을 것이다. 고객이 기업과 나의 생존의 근거임을 명심하고 고객에 대한 새로운 인식으로 고객을 존중하는 자세가 필요해 보인다. '말 한마디로 천 냥 빚도 갚는다'는 말은 빈말이 아니다.

의견 C 부정적인 편견이나 고정관념에 따른 낙인이 찍히면 실제로 그렇게 되는 현상을 사회학, 심리학, 경제학 등 광범위한 분야에서 낙인효과Stigma Effect라고 한다. 동사나 형용사보다 명사는 그 힘이 더 강력하다. 예를 들어 "영수는 거짓말을 잘한다" 와 "영수는 거짓말쟁이이다" 중에서 어느 것이 영수를 각인시키는 힘이 더 세게 느껴지는가? 동사나 형용사보다는 '거짓말쟁이'라는 명사가 강력하다. 이것이 바로 일종의 낙인효과이다.

정보를 서로 의미 있게 연결시켜 묶는 것을 '청킹Chunking'이라고 하는데, 청킹 과정을 거쳤을 때 기억할 확률이 높아진다. 그러므로 각인시키는 힘이 더 센 것이다. 서비스 접점에서 흔히 하는 실수 중 하나가 바로 이와 비슷한 경우이다. 필라테스 직원들만 공유하는 회원의 네이밍(뚱땡이)일지라도 결국 직원들 간 각인된 이미지를 깨기는 힘들다는 것이다. 그리고 은연중 실수로 인해 고객에게 전달될 때는 그 부정적 파급효과는 기업 경영에 큰 타격을 입힌다.

이와 비슷한 경우가 직원들 사이에서 일부 고객을 자신만의 기준과 범주에 넣어 '진상', '꼰대', '앵그리버드' 등으로 정의하고 사용한다는 것이다. 지금 내 앞에 있는 고객 본인이 이런 식으로 불린다는 사실을 안다면 과연 다시 이곳을 찾게 될까? 이번 사례를 계기로 서비스 현장에서 나는 고객을 한정된 단어로 낙인찍지는 않았는지 생각해보길 바란다.

CHAPTER 6

고객답지 않은 고객,
블랙컨슈머 대처법

온라인 쇼핑몰에서 구입한 물건을 반품할 경우 신속히 판매자에게 반납하도록 강제하는 법안이 추진된다. 늦은 반품으로 인한 제품의 가치 하락 등 판매자의 손해를 막기 위해서다.

전자상거래법 개정안이 발의됐는데, 통신판매로 상품을 구매한 소비자가 '청약철회 등을 한 날로부터 대통령령으로 정하는 기간 이내에' 반환하도록 하는 내용이다.

현행법에는 통신판매업자는 소비자가 청약철회 등을 한 경우 재화를 반환받은 날부터 3일 이내에 이미 지급받은 대금을 환급할 의무가 있다고 한다. 하지만 소비자는 청약철회를 해도 재화를 일정 기간 내에 반환해야 할 의무가 없다. 이 때문에 판매자는 소비자가 청약철회 이후 장기간이 흘러 상품의 가치가 하락한 뒤 반품을 하더라도 손해를 부담하면서 대금을 환급해줄 수밖에 없다는 지적이다.

특정 품목의 상품은 소비자가 장기간 보관하고 있다가 반품하면 상품의 가치가 현저히 하락해 재판매가 어렵다. 대표적인 예로 의류제품은 계절이나 유행이 지난 재고상품이 되어 고스란히 판매자가 피해를 보고 있는 실정이다. 블랙컨슈머들이 법률적, 체계적인 대응이 미흡한 온라인 쇼핑몰을 대상으로 이를 악용하고 있어 영세 온라인 쇼핑몰 사업자의 피해가 심각한 것으로 알려졌다. 이번 개정안을 통해 상품의 가치를 하락시키는 반품을 제한해 블랙컨슈머의 갑질로부터 영세 자영업자를 보호할 것이라고 기대를 하고 있다.

〈뉴스토마토〉 '반품 갑질 블랙컨슈머 방지법 발의' 발췌 요약 2019.01.15.

의견 A 작정을 하고 민원을 제기하는 사람을 누가 막을 수 있겠는가. 그렇지만 너무 고객의 후기나 반응에 민감하여 손해를 감수하는 것 또한 옳은 서비스는 아니다. 블랙컨슈머를 만든 것 또한 과잉친절에서 비롯된 것이다. 이제 왕처럼 대접받고 싶어 하는 고객은 왕처럼 행동했을 때 왕으로 모실 수 있는 시대이다. 이번 사례를 통한 서비스의 정의는 '상식이 통하는 것'이다.

의견 B 고객의 돈이 귀하면 판매자의 물건도 귀하다. 즉, 동격이다. 인터넷 쇼핑몰은 고객이 직접 물건을 안보고 구매를 하므로, 실제 물건이 배송되었을 때 기대했던 것 이하일 경우에 철회권을 인정해 주고 있다. 이러한 제도는 철저히 고객의 입장에서 편의를 주고 있는 것이다. 철회권을 행사하면 며칠 내에 환불해주어야 한다.

요즘은 신용카드로 거래로 환불을 하면 1~2일 내에 결제가 취소된다. 거래가 취소되면 배송된 물건은 당연히 판매자에게 돌려줘야 한다.

기본적으로 물건의 거래는 주고받는 관계이다. 따라서 환불을 받으면 바로 돌려줘야 한다. 환불을 받고 돌려주지 않아서 판매자가 새로운 구매희망자에게 판매할 기회를 놓치게 하는 것은 엄연히 업무 방해에 해당한다. 그러므로 이러한 상황이라면 마땅히 환불 기간에 대한 제도를 정비하여 판매업자에게 불이익이나 손해가 가지 않도록 해야 한다.

고객만 보호받아야만 하는 것은 아니다. 고객 못지않게 판매자도 충분히 보호를 받아야 한다. 수많은 고객과 수많은 판매자의 생태계가 건전하게 유지되어야 한다. 그렇게 해야 고객도, 판매자도 혜택을 누릴 수 있는 생태계가 조성된다.

의견 C 최근 온라인 중소업체들이 일부 '블랙컨슈머(고의적으로 악성 민원을 제기하는 소비자)'의 횡포로 몸살을 앓고 있다. 대한상공회의소가 중소기업을 상대로 조사한 결과 블랙컨슈머를 경험한 업체는 83.4%에 달했다. 이 가운데 적극적인 대응으로 문제해결에 나선 업체는 14.3%에 불과하다. 온라인 중소 업체들을 블랙컨슈머의 횡포에서 보호해 줄 정책적인 보호막은 사실상 미비한 상태이다. 의류를 15~20벌 구매하고 받은 뒤 한참 뒤 1~2벌만 남기고 모두 반품을 시키거나 반품된 옷에는 짙은 향수가 냄새가 그대로 나는 경우 등 비윤리적인 소비 행태가 비일비재하다. 대책 마련이 시급하며 블랙컨슈머인 악덕 소비자로 인한 피해는 결국 다시 소비자 비용 부담으로 이어진다는 것을 인식할 필요가 있다.

CHAPTER 7

갑질 고객, 진상 고객에 대처하는 법적 권리

블랙컨슈머는 업종과 장소를 가리지 않고 다양한 형태로 나타난다. 콜센터 직원에 대한 욕설·폭언, 은행직원 성희롱, 민원제기를 빌미로 한 금품 요구와 협박 등 대부분 정신적 피해를 주지만 물리적인 폭력도 비일비재하다. 인터넷에서는 '○○○ 갑질녀'라는 제목의 동영상이 화제를 모았다. ○○○백화점의 한 화장품 매장에서 손님 한 명이 "죽여 버릴 거야, ○○년아!"라는 욕설에 이어 직원의 머리채를 잡고 폭행하며 난동을 부려 폭행과 업무 방해 협의로 입건했다. 부산의 한 마트에서도 직원을 폭행한 B 씨(47)가 업무 방해 혐의로 불구속 입건된 사건이 있었다.

과거에는 대다수 기업이 블랙컨슈머에 미온적으로 대처했지만 최근에는 이처럼 형사 처분이 이뤄지는 일들이 적지 않다. 법원에서 실형이나 집행유예 판결이 내려진 사례도 잇따른다. 블랙컨슈머에 대한 처벌 강화는 기업이 '손님은 왕'이라는 고정관념에서 벗어나 선의의 소비자에게 더 좋은 서비스를 제공한다는 명분에 힘을 실어준다. 소비자의 권리를 악용하는 갑질을 더 이상 봐줘서는 안 된다는 사회적 합의도

이를 뒷받침한다. 블랙컨슈머의 횡포가 지능화·범죄화할수록 처벌이 엄중해야 한다는 지적도 나온다.

〈머니S〉 제554호 '맘카페 올린다며… 도 넘은 갑질 손님' 기사 발췌 요약

의견 A 소비자는 분명 권리가 있고 판매자도 책임이 있다. 제품이나 서비스에 문제가 있으면 소비자로서 당연히 교환이나 환불을 요구할 수 있는 것이 아닌가? 하지만 위의 사례는 상식을 넘어선 문제이다. 서비스를 제공하는 직원을 폭행하는 일은 분명 범죄이다. 자신의 감정하나 제대로 다스리지 못해 소비자라는 명목 하에 직원에게 폭행을 행하는 일은 절대 있어서는 안 된다.

고객 접점에서 일하는 직원들은 육체노동 뿐 아니라 감정노동까지 하고 있다. 모든 고객에게 늘 밝은 미소로 친절해야 하는 서비스에게는 거절할 수 있는 권한이 없다. 주인의식을 갖고 일하라고 하면서 주인처럼 결정할 수 있는 것은 단 하나도 없다. 이번 사례를 통한 서비스의 정의는 '직원들에게 주는 권한'이다.

의견 B 블랙컨슈머는 일명 '갑질 고객', '진상 고객'으로 불린다. 다양성이 인정되는 사회라고 하지만, 그 다양성도 사회 공공의 합의된 범위 내에서 펼쳐져야 한다. 너무 자기만을 생각하는 이기적인 행동이 진상 고객의 형태로 나타난다.

매장에 와서 행패를 부리고 난동을 피우면 참 난감하다. 다른 고객의

눈도 의식해야 하고, 매장의 이미지도 생각하는 입장에서 진상 고객을 마냥 무시할 수도 없는 상황이다. 그렇다고 들어주자니 턱없는 요구에 어이가 없고 한숨만 나온다. 진상 고객으로 인해서 오히려 선의의 고객이 피해를 입을 수 있다. 진상 고객을 응대하므로 인해 일반 고객을 제대로 응대하지 못한 경우도 있다. 더불어 진상 고객에게 무마용으로 들어간 비용은 결국은 업체의 비용으로 상품의 가격에 반영되어질 수 있다. 진상 고객에 대한 비용은 사회적 비용의 증가로 이어져 사회, 국가 경제 전체적으로 부의 경제효과가 발생한다. 따라서 기업뿐만 아니라 국가 차원에서 블랙컨슈머에 대한 제도적 장치를 마련하여 건전한 문화를 만들어가야 한다.

의견 C 블랙컨슈머 용어 자체에서 느껴지듯 속이 까맣게 그을려 있는 고객으로 보면 된다. 자신이 원하는 목적을 이루기 위해서 수단과 방법을 가리지 않고 달려드는데, 이러한 행동은 업무 방해 뿐만 아니라 직원의 감정 노동으로까지 이어져 사회적 큰 문제로 다가오고 있다. 서비스 산업의 발전으로 고객 모시기에 나선 기업에서는 고객을 왕으로 만들었다. 뿐만 아니라 목소리 큰 사람이 이긴다는 한국형 정서가 맞물리면서 고성은 물론이고 폭언과 협박까지 이어진다. 이제는 시대가 변화하는 만큼, 선량한 고객까지 피해를 입히는 블랙컨슈머는 강경하게 대응할 수 있도록 기업 내 매뉴얼을 마련하고 절차를 직원과 공유해야 한다. 또한 무조건 블랙컨슈머라고 단정 짓기보다는 정확한 확인이 필요하다.

CHAPTER 8

직원들은 화장실도
자유롭게 못간다구요

백화점과 대형마트 면세점 등 대부분은 대형 쇼핑몰에서 근무하는 직원들은 고객용 시설을 쓰는 것을 금지하고 있다. 고객 편의가 우선이라는 이유에서이다. 하지만 문제는 직원용 화장실은 너무 멀고, 근무자 수에 비례하여 턱없이 부족하다는 점이다. 한 층에서 직원용 화장실을 오고 가는 데만 10분이 걸린다. 이렇다보니 방광염을 앓고 있는 직원들이 상당히 많다고 한다. 기본적 생리 현상조차 쉽게 해결하기 어려운 환경이다.

"화장실을 이용하게 해 달라!"는 구호는 18세기 산업혁명 당시 나온 것이라는 사실을 알고 있는가? 그런데 이 시대에도 값비싼 명품 브랜드를 파는 직원들이 화장실도 못 가 방광염에 걸리고 생리대를 교체 못해 피부염에 걸리고 있다는 사실 또한 알고 있는가. 7층짜리 면세점 건물에 여성 직원용 화장실은 4칸이라고 한다.

화장실에 제 때 못 가 방광염에 걸리거나 근골격계 통증을 호소하는 판매직 노동자는 일반 노동자보다 3배 이상 많고, 하지정맥류는 25배, 무지외반증은 67배나 높게 나타났다고 한다. 감정노동과 직장 내 폭력에 따른 정신적 고통도 심각해 우울증을 겪는 노동자는 3배, 공황장애는 12배 수준이다.

SBS '좌변기 한 개에 노동자 58명…고객 화장실은 쓰지 마' 내용 요약 2018.10.02.

의견 A 백화점에서 짧게 옷 판매 아르바이트를 한 경험이 있다. 간단하게 서비스 교육을 받고 백화점 판매직이 지켜야할 몇 가지 규칙을 전달받았었다. 그중 한 가지가 화장실은 직원용만 이용하는 것이었다. 이밖에 에스컬레이터, 엘리베이터를 이용할 수 없다고 했다. 직원은 화물 엘리베이터를 이용해야 했고 푸드 코트 같은 오픈된 공간도 이용할 수 없었다. 지금은 모르겠지만 필자가 아르바이트를 했을 때에는 판매직은 유니폼이 별도로 있었기에 그래서 멀리서도 직원임을 알 수 있었다. 옷 판매 매장의 책임자들은 해당 브랜드 옷을 입고(사복) 있어도 되었기 때문에 명찰을 떼고 에스컬레이터를 이용하거나 푸드 코트에서 밥을 먹어도 상관없었지만, 대다수의 많은 판매사원들은 고객이 이용하는 동선과는 달리 눈에 띄지 않는 곳으로 움직이도록 했다.

비좁은 화장실. 그곳을 나눠 직원들 앉아 쉬라고 쇼파를 두었고 나머지는 화장실로 썼다. 요즘은 안마의자가 있다고도 하던데 과연 얼마나 많은 직원들이 안마의자를 이용할 수 있을까 싶다. 인원 대비 너무나 부족한 휴게 공간. 그렇다고 해서 일하는 공간에서 마음 놓고 앉아있거나 쉴 수도 없다. 아직까지도 직원이 앉아 있으면 좋지 않은 시선으로 바라보기도 한다.

이제는 시선을 바꾸고 인식을 바꿔야 할 때이다. 종일 서서 고객을 응대하는 직원들에게 충분한 휴식시간을 보장하지는 못할지라도 충분한 휴게공간은 보장해야한다고 생각한다.

고객이 왕이라고 해서 직원이 왕의 부하는 아니다. 고객에게 더 좋은 서비스를 제공하는 것은 직원들이다. 직원이 만족해야 서비스의 품질도 좋아진다. 이번 사례를 통한 서비스의 정의는 '내부 직원 만족 우선'이라고 말하고 싶다.

의견 B '잘 먹고 잘 비우자'는 것이 건강에 가장 좋다는 어느 광고가 있다. 사람이 육체적인 문제를 해결하는 게 가장 중요하다. 근무환경이 멋진 빌딩과 명품으로 넘치고, 짙게 화장하고 멋진 옷을 입었다고 하더라도 기본적인 것이 해결되지 않으면 몸과 마음은 즐겁지 않다. 고객을 배려하는 차원에서 고객 화장실과 직원 화장실을 분리하는 건 이해한다. 그렇지만 고객화장실 못지않게 직원 화장실도 직원 수에 대비해서 적정한 개수를 확보해야 한다. 그것뿐만 아니라 언제든지 화장실을 갈 수 있게 해야 한다.

직원용 화장실은 저 멀리 귀퉁이에 그것도 줄서서 기다려야 하고, 가고 싶어도 교대할 직원이 없어서 맘대로 갈 수 없다면 학대나 고문과 다를 바 없다. 이러한 문제가 상존해 왔음에도 방치하고 무시해온 경영진이나 관리자들의 마인드가 문제다. 과연 그렇게 하는 것이 회사에 도움이 되고 수익이 증대되는 일일까? 기본적인 욕구도 해결하지 못해 몸과 마음이 불편한 직원이 과연 어떻게 고객에게 만족한 서비스를 제공할 수 있을까?

스타벅스의 하워드 슐츠Howard Schultz는 '고객보다 직원의 만족이 먼저'라고 했다. '직원이 만족해야, 고객도 만족시킨다'고 주장한다. 이 당연하고 단순한 진리가 명품으로 치장된 면세점이나 백화점에서는 다른 세상 얘기로 들린다는 게 안타깝다.

그나마 다행스러운 것은 감정노동자 보호법이 시행되어 사업장이나 고객 접점에서 근무하는 감정노동자들을 법의 테두리에서 보호를 해준다는 것이다. 늦은 감이 있지만 그래도 변화를 위한 시도에 많은 기대를 걸어본다. 하지만 법의 유무와 상관없이 떠나서 직원들을 가족처럼 생각하는 배려가 있었으면 한다.

의견 C 사실 이 기사를 접하고 마음이 굉장히 불편했다. 화려한 조명과 인테리어에서 브랜드이미지를 전하고 있는 고객 최접점의 직원. 화장실 한 번 제대로 다녀올 수 없는 환경에서 기본적인 욕구를 해결하지 못하고 있으니 이게 말이 된단 말인가.

매슬로우 인간의 욕구 5단계에 따르면 인간의 가장 기본적인 욕구가 바로 '생리적 욕구'이다. 배고프면 밥을 먹고, 졸리면 자고, 급한 신체적 용무가 있으면 해결해야 하는 아주 기본적인 욕구이다. 1단계 생리적 욕구가 해결되어야 2단계 욕구로 올라갈 수 있다. 2단계 안전의 욕구, 3단계 사회적 욕구, 4단계 존중의 욕구, 5단계 자아실현의 욕구이다. 자아실현의 욕구는 신의 경지에 오른 사람의 욕구 단계라는 말이 있을 정도이다. 그런데 이 사례에서는 가장 기본적인 욕구조차 해결할 수 없으니 어떻게 다음 단계로 올라갈 수 있겠는가? 기업에서 원하는 서비스 품질만큼 직원의 복지에 주의를 기울였으면 좋겠다.

CHAPTER 9

배달음식, 믿고 먹고 싶어요

치킨 배달을 시켰더니 먹다 남긴 콜라를 보내줬다. 항의 전화를 하니 업소 측에서 자기들은 컵에 따라서 마시니까 오늘은 그냥 드시고 다음에 서비스를 준다고 한다. 사과하기는커녕 화까지 냈다면? 다음에 서비스를 제공받는 것을 원치 않으니 지금 다시 갖다 줄 것을 요청하자 업소 측에서는 늦은 시간이라 배달할 사람 없다는 배짱을 부렸다고 한다.

〈네이트판 톡톡〉 아이디 aktchzid, '치킨배달 시켰는데 먹던 콜라 보내줘놓고 저보고 그거 마시래요' 사연 발췌 요약 2018.10.02.

의견 A 누구나 실수는 할 수 있다. 위의 사례도 실수였을 것이다. 상식적으로 누가 먹던 음료를 배달하겠는가? 하지만 이 사례는 업주의 태도로 인한 불만이다. 분명 충분히 전화로 사과했을 수 있던 사례가 아닌가? 당연히 고객이 원하면 다시 배달해줘야 하는 것이 맞다. 그런데 그냥 드시라니….적반하장이라는 단어를 이럴 때 쓰는 게 아닌가 싶다. 기본적으로 서비스 마인드가 부족한 것이 아닌가 생각되는 사례이다. 서비스 컨설턴트로서 한 가지 조언을 하자면 업주를 포함한 전 직원의 서비스 매뉴얼을 만들어 늘 체크하고 맛 평가뿐만 아니라 서비스 평가도 받길 바란다. 이 사례를 통한 서비스의 정의는 '기본에 충실하자'이다.

의견 B 고객이 주문을 할 때는 완성품을 기대하는 것은 당연하다. 그러기 때문에 완성품이 아닌 하자품을 받게 될 때에는 기대감의 박탈에 따른 불만족이 극에 달한다. 특히 음식의 경우에는 더 심하다. '먹는 것 가지고 장난치지 말라'는 말이 있듯이 먹다가 만 음식을 손님에게 배달할 때에는 찝찝하고 불쾌하기 이를 데 없다. 사례에서 먹다가 만 콜라가 배달되었을 때에는 콜라뿐만 아니라 치킨에 대한 신뢰도 떨어질 수밖에 없다. 이러한 불쾌함을 전화를 걸어서 쏟아 붓는 게 일반적이다. 전화를 받은 치킨집 주인은 당연하다는 듯이 실수로 먹다가 만 콜라가 배달되었다고 얼버무린다.

고객은 진정한 사과를 받기를 원한다. 주인은 잘못했다고 친절하게 사과를 했어야 한다. 무조건 가게를 열고 물건을 파는 게 고객 접점의 서비스업의 업무는 아니다. 먼저 진정으로 고객을 생각하고 배려하는 마음이 있어야 한다. 고객서비스에 대한 마인드 없이 영업을 하는 것은 구멍이 나서 물이 새는 배를 타고 망망대해를 건너려는 것과 같이 무모한 일이다. 당장의 수익이 급하다고 하더라도, 기본기를 다진 후에 영업을 해야 한다. '급할수록 돌아가라'는 말도 있다. 고객을 대면하는 일에서 서비스마인드는 기본 중의 기본이다.

의견 C 1인 가구와 워킹맘 증가 등 사회 인구 구조의 변화로 인해 편하게 주문하고 빠르게 받아서 한 끼 해결할 수 있는 배달 음식이 인기이다. 대한민국 먹거리는 모두 배달이 될 정도이니 배달 애플리케이션이 국민 애플리케이션이라고 봐도 과언이 아닐 정도이다. 그만큼 배달음식 이용자가 많다는 것이다. 이번 사례는 기본적으로 지켜져야 하는 배달음식의 품질Quality과 점주의 고객 응대 태도Attitude에 몹시 실망스럽다. 세상에서 가장 안 좋은 충은 바로 '대충'이라는 말처럼 누가 봐도 업주의 대충대충 넘어가려는 행동이 그대로 보인다. 실수는 누구나 할 수 있다. 그 실수를 인정하고 현명하게 대처한다면 고객은 충분히 이해할 것이다. 하지만 '그럴 수도 있지'라는 식의 반응은 고객을 더욱 화나게 만든다. 서비스 QSCQuality · Service · Clean가 지켜질 수 있도록 내부적인 점검이 필요해 보인다.

CHAPTER 10

감정노동자는 어디까지
자신의 감정을 억눌러야 하는가

고객을 응대하는 업무에 종사하는 감정노동자들은 폭언이나 성희롱 등에 노출되기

쉬우며 사업주가 이들을 위해 필요한 조치를 하지 않으면 과태료를 물게 된다. '감

정노동자'로 불리는 이들은 약 560만~740만 명으로, 전체 임금노동자의 30~40%

에 달할 것으로 추정된다. 그런데 고객의 욕설이나 폭언, 성희롱에 시달리지만 참고

일하는 근로자가 대부분이다.

2018년 서울시 공공부문 감정노동자를 대상으로 실시한 설문조사에서 응답자의

10명 중 7명은 모욕적인 비난이나 고함·욕설 등을 당한 경험이 있다고 답했다. 이

런 상황에서 사업주의 보호 의무를 규정한 개정 산업안전보건법이 시행되었다. 감

정노동자가 고객 폭언 등으로 건강에 이상이 생기거나 생길 우려가 있는 경우, 사업

주는 업무 일시중단이나 휴게시간 연장, 치료·상담 등을 지원해야 한다. 해당 노동

자의 요청이 있으면 고소·고발과 손해배상 청구 등도 지원해야 한다.

〈연합뉴스TV〉 '감정노동자 보호 안하면…사업주 과태료 최고 1,000만 원' 발췌 요약 2018.10.2.

의견 A 진즉에 생겼어야 하는 감정노동자 보호법. 하지만 아직까지도 고객 접점자들에게 함부로 대하는 고객들이 많다. 감정노동이 스트레스를 키우고 더 나아가 직원들이 제공하는 서비스 품질까지 저하될 수 있다. 혹여나 갑질을 하는 진상 고객이라도 만난다면 트라우마로 남아 한동안 충격에서 벗어나는 것도 쉽지는 않을 것이다.

필자가 근무했던 곳에는 접점직원을 위한 상담치유 센터가 있었다. 직원교육을 하면서 센터에 대해 물어보니 다른 직원들 일하고 있는데 한가하게 센터 드나든다는 얘기를 들을까봐 이용하는 것을 꺼려하는 직원들도 상당히 많았다. 센터 직원이 많지 않은데다가 상담을 하려면 예약이나 대기를 해야 한다고 했다. 결과적으로 센터는 있으나 이용하기는 쉽지 않다는 것이다. 그냥 마음 맞는 직원들끼리 잠깐이나마 수다 떨거나 담배를 태우며 실컷 욕을 하는 게 더 나을 수 있다는 얘기를 들었다. 이렇듯 대기업에서는 여러 가지 방법으로 감정노동자 직원들을 보호하고 있지만 과연 당사자들도 보호받고 있다고 생각하는지 궁금하다. 이 사례를 통한 서비스의 정의는 '내부 직원 만족'이다.

의견 B 감정노동은 고객을 응대하는 일을 할 때에 기업 등에서 바람직하다고 여기는 감정을 근로자 개인의 감정과는 무관하게 행하여야 하는 노동을 말한다. 이러한 감정노동에 종사하는 자를 감정노동자라고 한다. 판매, 유통, 음식, 관광, 간호 등 대고객 서비스업에서 주로 발생한다. 감정노동은 개인이 실제로 느끼는 감정과 전혀 다른 감정을 표현해야 할 때 발생한다. 이러한 감정노동으로 생긴 감정적인 부조화는 개인 노동자를 힘들게 하며 좌절, 분노, 적대감, 감정적 소진 등의 정신적 스트레스를 보인다. 심할 경우에는 정신질환이나 자살까지 이르게 한다. 따라서 감정노동자들에 대한 보호는 절대적으로 필요하다.

직장생활을 하면서 이러한 상황에 이르게 하는 것은 개인, 가족뿐만 아니라 사회적으로도 문제가 된다. 늦은 감이 있지만 그래도 감정노동자를 위한 보호법이 마련되었다고 하니 다행이다. 그동안 감정노동자들은 고객에게 욕설 및 성희롱 등으로 상처를 받고도 업무상 불이익을 받을까봐 관리자에게 얘기도 못했다. 밖에서 두들겨 맞고 들어와서 하소연도 할 수 없는 그러한 상황이었다. 이제는 사업주가 적극적으로 보호 및 예방을 하도록 법제화했으니 안심이다. 이러한 다수의 감정노동자인 여성은 대한민국의 딸이요, 아내요, 엄마이다. 앞으로 더는 감정노동으로 인한 상처가 없는 세상이 되길 희망한다.

의견 C 앞서 몇 차례 말했듯, 2018년 10월 18일, 산업안전보건법(감정노동자보호법)이 개정되었다. 사업주에서는 직원이 폭언 등으로부터 건강장해 발생 또는 우려가 있는 경우 업무의 일시적 중단, 상담 및 치료, 필요하다면 법적 대응까지 고객 응대 근로자(감정노동자)를 보호하는 법이다. 이를 위반했을 시에는 사업주의 과태료가 부과되는 만큼 많은 곳에서 경각심을 갖고 직원을 보호하기 위해 자체적으로 제도를 마련하거나 편하게 언제든 상담받을 수 있도록 핫라인을 마련하고 있다. 함께 존중하고 배려하는 문화를 만들기 위한 안내문을 게시하거나 콜센터의 경우 상담사와 통화를 기다리는 동안 연결음을 활용해 감정노동자 보호에 대한 분위기를 확산시키고 있다.

콜센터는 비대면 응대, 얼굴이 보이지 않는다는 이유로 대면 응대 보다 더 함부로 말하는(폭언, 성희롱, 협박 등) 고객이 많았다. 어떻게 하면 콜센터 직원이 감정노동에서 벗어날 수 있을까를 고민하던 끝에 만들어진 '마음이음 연결음'. 연결음에 상담원 가족의 음성을 넣어 전달한 것이다. 7살 남짓 되는 아이의 음성으로 "사랑하는 저희 엄마가 상담드릴 예정이에요. 잠시만 기다려 주세요"라고 한다. 실제로 화가 난 고객도 이 음성을 듣고는 '상담직원도 누군가의 소중한 가족이지'라는 생각으로 한 마디 말이라도 조심하게 되었다고 한다. 감정노동이 사라지지는 않겠지만, 조금씩 변화하고자 하는 노력이 보이고 있다. 서로 이해하고 배려하는 문화를 만들어 정착시킬 수 있었으면 좋겠다.

CHAPTER 11

비싼 만큼 좋은 서비스를 기대하는 게 무리인가요

70만 원이 넘는 명품 신발에서 비 오는 날도 아닌데 신을 때마다 빨간 물이 빠진다고 소비자가 업체에 항의했다. 그런데 해당 브랜드 답변이 황당하다. 있을 수 있는 일이니 색깔 양말을 신으라는 것이다. 판매처는 구매 기록과 정품 여부를 확인한 뒤 신발을 명품 브랜드 본사 품질관리팀에 보냈고 다음은 본사의 A/S 답변 내용이다.

빨간 물이 드는 건 "착화 과정에서 나타날 수 있는 현상"이며, "품질 보증 기간 1년이 지나서 교환이나 환불은 안 된다"고 적혀 있었다. 그러면서 해당 브랜드 본사에서 고객에게 제시한 해결책은 '빨간 물이 들 테니 흰 양말을 신지 말고 색깔 진한 양말을 신으라'는 것이었다. 고객은 공인된 기관에 품질 문의를 하기 위해 해당 측에 관련 내용을 서면으로 확인해달라고 요청했지만 거절당했다고 밝혔다.

〈SBS뉴스〉'물 빠진다 했더니…색깔 양말 신으라는 ㅇㅇㅇ' 발췌 요약 2018.11.08.

의견 A 우리는 비싼 값을 지불하면 그만큼 값어치를 할 것이라고 생각한다. 특히 제품뿐만 아니라 그 외의 서비스까지 말이다. 비싼 값을 주고 구입한 신발이 불량이라면 당연히 AS를 요청하는 것이 맞다. 그런데 해당 브랜드에서 고객에게 너무나 황당한 답변으로 브랜드 이미지를 실추하고 있는 것이 아닌가?

우선 물 빠짐 현상이 정상일까? 이것은 분명 정상이 아닐 것이다. 제품이 정상이지 않으니 교환이나 환불을 요청하는 것은 소비자의 권리 아닐까? 제품 이상으로 인해 교환이나 환불이 되지 않는다면 과연 누가 비싼 가격을 주고 명품 브랜드를 구입할까? 카피한 제품을 사지도 팔지도 말라고 단속하는 것만 중요하다고 하지 말고 제대로 된 제품과 상식적인 서비스를 제공하는 것이 더 시급할 것 같다. 이번 사례를 통한 서비스의 정의는 '지불한 만큼의 서비스 제공'으로 하고 싶다.

의견 B 명품이 명품인데에는 이유가 있다. 그냥 가격이 비싸기 때문만은 결코 아니다. 바로 품질도 그 명성에 걸맞게 뛰어나야 한다. 그래서 사람들은 비싸더라도 비싼 값어치를 하는 명품을 찾는 이유이다. 이러한 명품에 하자가 생기는 게 가능할까? 물론 가능하다. 사람이 하는 일이기 때문에 100% 완벽하게 할 수는 없다. 완벽은 사람이 범접할 수 없는 신의 영역이다. 72만 원을 주고 산 신발이 물이 빠진다면 얼마나 황당할까? 아니 불량품도 나올 수 있으니 물이야 빠질 수 있다. 하지만 품질 자체보다도 더 중요한 것은 바로 불량품에 대한 대처능력이다. '착화 과정에서 나타날 수 있는 현상이다', '품질 보증 기간 1년이 지나서 환불이나 교환을 해 줄 수 없다'는 식은 누구나 할 수 있는 초보적인 대응이다. 게다가 '색깔 진한 양말을 신으라'는 것은 불량으로 인한 해결책은 회사에서 해줄 수 없으니, 고객이 스스로 알아서 해결책을 찾으라는 얘기다.

명품을 취급하는 회사 답지 않은 수준 떨어지고 원초적인 답변이다. 스페인의 투우 경기에서 투우사와 소가 일대일로 대결하는 최후의 순간이 있다. 이때를 '진실의 순간', MOTMoment of Truth라고 한다. 투우사가 소의 급소를 찌른 순간, 피하려 해도 피할 수 없는 순간, 실패가 허용되지 않는 순간이다.

고객과의 관계에서도 '진실의 순간'이 있다. 이 진실의 순간은 15초라고 한다. 고객과의 응대하는 15초의 순간에 모든 게 결정된다. 사례의 명품 신발회사는 이 진실의 순간에 고객 응대를 실패했다. '고객서비스의 둑'이 무너졌다. 돌이킬 수 없는 상황이 발생한 것이다. '품질보증기간이 지났다' '진한 색상 양말을 신어라'라고 할 것이 아니라 '죄송하다. 어렵겠지만 해결책을 찾아보겠다' 정도로 응대하고 고객이 만족할 만한 해결책을 찾아주었으면 하는 아쉬움이 든다.

의견 C 제품의 첫 구매는 고객의 선택이지만, 재구매는 고객의 습관이다. 선택을 결정짓는 것은 그 제품을 선택할 수밖에 없는 차별화지만 재구매를 결정하는 것은 오로지 고객의 경험적 가치에 의존한다. 이때 고객의 경험적 가치는 구매한 후 고객의 기대치를 얼마나 잘 반영하고 유지시켜주는가에 달려있다. 값비싼 신발을 사고도 양말에 물이 들까 봐 염려스러운 마음을 안고 신어야 한다면 과연 이 고객은 지금의 불만족을 넘어 향후 이 브랜드의 신발을 사고 싶겠는가? 내가 만약 이 상황에서 고개가 바로 끄덕여지지 않는다면 기억하라. 지속적인 구매를 하도록 하는 것은 모든 기업이 수행해야 하는 미션이자 존재 이유라는 것을 잊지 말아야 한다.

CHAPTER 12

탈 코르셋 시대, 사업장 내 용모단정은 과연 어느 선까지

직원 중 80%가 여성이고, 출산·육아휴직도 적극 유도하는 것으로 알려지면서 대표적인 여성친화기업으로 화제가 됐던 카페의 가맹점에서 아르바이트를 지원한 여성을 면접 후 머리를 짧게 자르고 화장을 하지 않은 채 출근했다는 이유로 출근 5분 만에 해고한 일이 논란이 되고 있다. 인터넷커뮤니티를 뜨겁게 달군 이 사례는 카페의 가맹점주가 쇼트커트 머리와 민낯으로 첫 출근한 시간제근무 직원에게 "용모가 단정하지 못하다"며 5분 만에 해고 통보한 것이 문제가 됐다. 퍼지고 있는 항의 글에 따르면, 첫 출근한 여성이 머리가 짧다는 이유로 해고 당했다. 또 해고한 가맹점주가 출근한 여성을 모르는 척 무시하다 "음식을 파는 매장인데 용모를 단정하게 하고 와야지 머리를 짧게 자르고 화장도 안하고 오면 어떻게 해요?"라며 '여성의 꾸밈이 노동에 필요한 조건이라는 듯 말했다'고 했다. 해당 브랜드는 여성을 위한 여성 친화적 기업임을 홍보하며 소비층 또한 그 뜻에 지지하는 사람들로 구성돼 있다고 알려져있다보니 이 글을 읽은 많은 사람들은 분노할 수밖에 없었다.

해당 브랜드는 사과문을 통해 "특정 가맹점에서 근로자 채용 시 발생한 사안 관련, 해당 가맹점과 사실 관계를 확인했으며 조치를 취했다"고 밝히곤 "가맹점에서 채용 당시 겪은 본인의 부당함을 널리 알려준 당사자분의 용기에 진심으로 감사드린다"고 전했다. 그러면서 본사 측은 "해당 가맹점 주는 사실을 모두 인정했고 당사자에게 진심 어린 사과와 함께 죄송한 마음을 담은 보상을 하고자 지속 연락을 시도하고 있으나, 현재 연락이 닿고 있지 않는 상황이다. 연락이 닿는 즉시 사과와 보상조치를 하도록 하겠다"고 사과와 보상을 약속했다. 이어 "본사에서는 향후 재발 방지 대책으로 해당 가맹점에 대해 개선책을 마련해 계도 조치를 진행할 예정이다"라고 설명했다.

〈투데이신문〉 'ㅇㅇㅇ, 여성친화기업이라더니…탈 코르셋 알바생 출근 5분 만에 해고' 발췌 요약 2018.11.13.

의견 A '탈 코르셋' 이라는 단어가 더 이상 낯설지 않은 요즘이다. 여자니까 화장을 해야 하고 여자니까 늘 아름답게 꾸며야하는 것을 거부하는 탈 코르셋. 위의 사례를 통해 여러 가지 생각이 들었다. 강의를 오랫동안 해온 경험을 바탕으로 생각하건데, 아직까지 서비스직이라는 것은 상당히 보수적임에 틀림없다. 아마 해당 업주도 고객을 응대하는 서비스직 아르바이트생을 채용한 것이므로 여자 아르바이트생 단정함의 기준에 메이크업을 포함하지 않았나 예측해본다.

면접 시 살짝 귀띔이라도 해주었다면 어땠을까? '우리 가게 여자 아르바이트생은 근무시간 동안 복장은 이렇게 해야 하고 메이크업은 어느 정도 해야 한다'는 그런 규정을 알았더라면 아르바이트생도 일자리를 잃는 일은 없었을 것이고, 업주도 다시 채용해야 하는 번거로움이 없었을 텐데 말이다. 누구는 당연하다고 생각하는 것이 다른 이에게는 당연하지 않다는 것을. 이번 사례를 통한 서비스의, 정의는 '양방향 소통'이다.

의견 B 코르셋Corset은 프랑스어로 미적인 목적이나 의학적인 목적으로 몸통을 원하는 모양으로 만들기 위해서 입는 옷을 말한다. 19세기경에 여성의 몸매를 보정하는 속옷이라는 의미로 코르셋이 널리 쓰이게 되었다. 그래서 코르셋은 '여성스럽다'의 대명사로 쓰였다. 그러나 요즘에는 탈 코르셋 운동이 일고 있다. 이는 '여성스럽다'고 정의해 온 것들을 거부하는 것이다. 다시 말해 화장이나 렌즈, 긴 생머리, 과도한 다이어트 등을 거부하는 행위를 의미한다. 사례에서 입사 첫날 민얼굴에 단발머리를 하고 온 아르바이트생을 5분 만에 바로 해고하는 것은 문제가 있다. 면접을 볼 때 근무조건으로 외모에 대한 것을 먼저 제시할 수도 있을 텐데, 사례를 유추해 봤을 때 그러한 사전 고지는 없었을 것으로 보인다. 그러면 첫날에 그렇게 가맹점주가 원하는 외모가 아니면 조건을 제시하고 수용을 하지 않을 경우에 조치를 취하는 게 어떠했을까 하는 아쉬움이 든다.

그리고 '여성의 꾸밈이 노동의 조건'이라는 것은 현대의 탈 코르셋 운동에도 역행하고 부당한 조건을 강요하는 것이다. 고용주라는 위치만으로 개인의 가치관을 일방적으로 강요할 수는 없다. 물론 좋은 외모가 고객에게 더 좋게 어필하는 것은 사실이다. 하지만 그러한 사항에 대해서는 사전 고지 등을 통해서 고용조건으로 했다면 모를까, 그렇지 않고 가맹점주의 주관적이고 감정적인 판단에 따라 결정하는 것은 바람직하지 않다. 코르셋에 갇혀서 부자연스런 서비스를 제공하는 것보다도 탈코르셋으로 자유롭고 진심을 다하는 고객 서비스를 제공하는 것이 고객, 가맹점주, 직원 모두에게 득이 되는 것이 아닌가 생각해 본다.

의견 C '고객은 커피를 마시는 것이 아니라 분위기를 마신다'라는 이야기처럼 고객은 커피의 향과 맛 이상으로 카페 매장 분위기를 중요하게 생각한다. 마음이 차분해지면서 대화를 편하게 나눌 수 있는 음악, 조명, 테이블, 의자형태 등 다양한 요소들로 고객의 마음을 한껏 사로잡는다. 그런데 여기서 중요한 것이 하나 더 있다. 커피를 제공하는, 서비스 제공자인 직원의 태도이다. 고객을 맞이하고, 주문을 받고, 커피(음료)를 제공하는 고객 접점에서 시각적, 청각적, 언어적 요소로 고객과 소통하는데 직원은 무엇보다 깔끔하고 정돈된 모습이 필요하다. 그것이 서비스 제공자의 마음가짐이고 브랜드 가치를 전달하는 방법이라고 생각한다. 기본적인 그루밍(용모 복장)을 갖추는 것은 직원으로서 서비스직 종사자가 지켜야 할 자세이다. 하지만 일방적인 해고 통보는 옳지 않다. 고용주와 직원 간 충분한 대화를 통해 방향성을 잡아 나가는 것이 우선이지 않았을까 싶다.

CHAPTER 13

융통성 부족일까
확고한 경영원칙일까

어느 분식집에 가서 떡볶이를 먹고 있는데 초등학교 1~2학년으로 보이는 여자아이가 들어왔다. 2,000원을 내밀면서 떡볶이를 주문했다. 그때 분식집 아주머니는 '떡볶이 1인분이 2,500원이야. 500원 더 가져와'라고 말했고 아이는 어쩔 줄 몰라 했다.

비도 오는데 딸 같은 아이가 헛걸음하는 게 안쓰러워서 밖으로 나가는 아이들 불러 내가 500원 보태줄 테니 아이한테 떡볶이를 주라 했다. 주인이 융통성이 없는 것일까? 분식집의 규칙을 따라야 하는 것이 맞는 것일까?

〈한국경제〉 '[와글와글] 초등생 돌려보낸 융통성 없는 떡볶이집? … 여러분의 생각은' 발췌 요약 2018.11.14.

의견 A 지금은 정찰가격의 마트가 더 익숙하지만 한때는 파는 사람과 사는 사람의 흥정이 가능한 시장이 전부일 때도 있었다. 지금도 시장이라는 단어만 떠올려도 '정'을 느낀다는 사람들이 많을 것이다. 콩나물 한 봉지에 1,000원에 팔았지만 500원어치도 가능한 시장. 조금은 위생에 신경 쓰지 못했을지도 모르고, 조금은 손질이 덜 되었을지도 모른다. 하지만 그것을 감수하고 시장에 가는 이유는 지금도 그곳에 가면 정을 느낄 수 있고, 약간의 흥정이 가능하기 때문이 아닐까?

초등학생에게 떡볶이란? 아마도 매일 먹을 수는 없지만 조금씩 모아둔 용돈이나 어른이 주신 용돈으로 먹을 수 있는 일상에서 느끼는 소확행이 아닐까? 이 사례를 읽으며 참 씁쓸했었다. 서비스란 매뉴얼을 토대로 모든 고객에게 일괄적인 것을 제공하는 것도 좋겠지만, 케이스 바이 케이스Case By Case를 결코 간과할 수 없는 것 또한 서비스이다. 이 사례를 통한 서비스의 정의는 '융통성'이다.

의견 B 거래관계에서는 절대적인 원칙은 없는 것 같다. 상황에 맞게 융통성 있게 대응하기 마련이다. 그래서 때로는 원칙을 고수해야 하고, 때로는 원칙보다는 융통성을 발휘할 필요가 있다. 위 사례의 경우에도 떡볶이집 주인이나 A 씨 누구를 시시비비 가릴 것은 아니다.

떡볶이집 주인의 입장에서는 어린 초등학생이 왔으니 당연히 융통성 있게 2,000원어치를 그냥 주고 싶기도 했을 것이다. 그러나 한편으로는 떡볶이집 아줌마는 많은 경험을 해봐서 2,000원어치를 팔았을 때의 안 좋은 기억이 있을 수 있다. 가령 편의를 봐서 기준에 없게 싸게 팔았는데, 다음번에 와서는 또 싸게 달라고 했을 때 안주면, 그때는 싸게 해주고 지금은 왜 그렇게 팔지 않느냐 하는 식으로 오히려 역공을 당할 수 있다. 다시 말해 선심과 배려가 뒤통수를 치는 상황이 있을 수 있다.

그러나 사례의 내용을 그대로 살펴보면 떡볶이집 아줌마는 '떡볶이 1인 분이 2,500원이야. 500원 더 가져와'라고 했다. 개인적인 생각으로는 이러한 표현이 다소 아쉽다. 어린 초등학생도 고객이다. 돈을 갖고 와서 내 물건을 팔아주는 고객이다. 그러면 이렇게 매정하게 응대하는 것보다는 좀 더 부드럽게 응대했으면 어떨까 하는 것이다. 2,000원어치를 팔고 안팔고의 문제가 아니라, 500원 때문에 거절당하는 아이의 입장을 생각했다면 과연 그렇게 할 수 있을까 하는 것이다. 융통성보다는 아이 (고객)에 대한 배려가 있었으면 어떨까 한다.

의견 C 누군가는 말했다. 가장 소중하게 대해야 할 사람은 바로 '어린 아이'라고 말이다. 어렸을 적 우연히 마주한 작은 친절과 배려에 마음이 뭉클했던 기억, 그 기억이 너무 생생해서 다른 사람에게도 느끼게 해주고 싶은 마음에 똑같이 친절과 배려를 베풀었던 적이 있다.

그들도 내가 느낀 그 마음을 그대로 느꼈으면 좋겠고, 그들도 좋았던 느낌을 다른 사람들에게 전달하지 않을까 싶어서였다. 물론 떡볶이 사장님의 단호한 행동이 잘못된 것은 아니다. 다만 조금은 따뜻함이 느껴지는 행동이었다면 하는 아쉬움이 남는다. '만약 내 아이가 이런 상황이라면…'이라고 생각한다면 조금은 다른 결과가 나오지 않을까 싶다.

CHAPTER 14

어디까지 믿고 이용해야할지 신뢰를 잃은 호텔 청소의 민낯

중국 인터넷 매체 펑파이澎湃에 따르면 한 호텔 이용객이 몰래카메라로 객실 화장실 청소 장면을 촬영한 '컵의 비밀'이라는 제목을 영상을 본인 웨이보(중국판 트위터) 계정에 게재했다. 촬영자 화중은 "중국 호텔업에서 장기간에 걸쳐 존재하는 문제를 알려주려고 한다. 5성급 호텔도 책임을 면하지 못하게 됐다"라며 "중국 정부가 객실 청결도와 위생기준 관련 지침을 내놓기도 했지만 업계에서는 엄격하게 지켜지지 않았다"라는 내용의 글과 함께 11분가량의 영상을 공개했다. 공개된 영상에는 호텔 직원들이 더러운 걸레나 고객이 이미 사용한 목욕 수건 등으로 컵과 세면대, 거울 등을 닦는 모습이 담겼다.

특히 1박에 3000위안(약 48만 원)인 상하이 푸둥浦東 ○○호텔에서 일하는 직원은 고객이 쓰고 남긴 샴푸를 이용해 커피 잔을 닦고 남은 샴푸는 다시 고객용으로 비치했다.

또한 1박에 4500위안(약 73만 원)인 ○○호텔에서는 직원이 화장실 쓰레기통에서

1회용 컵 덮개를 찾아내 자신의 옷에 몇 번 닦은 뒤 컵 위에 다시 얹었다.

현지 네티즌들은 "많은 돈을 주고 이용하는데 장난 하나" "눈에 보이는 게 다가 아니다" "나도 지저분하지만 저건 진짜 더럽다" 등 호텔 측의 비위생적인 위생관리를 강도 높게 비난했다. 또한 "정부가 더 적극적으로 맞서야 한다" "중국 정부는 호텔을 처벌해야 한다"며 적극적인 대처를 요구했다.

〈동아닷컴〉 '화장실 걸레로 컵 쓱쓱…1박 81만 원 中 고급호텔의 민낯' 발췌 요약 2018.11.2.

의견A '알면 독, 모르면 약'이라는 말이 떠오른다. 차라리 몰랐으면 좋았을 것을, 이 사례를 통해 모든 호텔을 포함한 숙박시설이 의심가기 시작했다. 주방세제를 따로 챙겨 다녀야할 수도 없는 것이고, 그냥 한 번더 깨끗하게 닦아 쓰면 마음이 편할까? 비싼 돈을 지급한 만큼 그에 맞는 서비스를 제공받길 원한다. 일부 직원들의 비양심적인 행동으로 인해 기업의 이미지를 망가뜨리고 모든 직원들이 손가락질 당하는 사건임이 틀림없다.

서비스 교육은 절대 놓치지 말아야하는 영역이라고 생각한다. 다른 것에는 투자를 아끼며 직원들 교육에 투자를 아까워하는 그런 일은 앞으로도 없어야겠다. 물론 처음부터 서비스마인드가 투철하고 양심적인 직원을 고용한다면 금상첨화겠지만 말이다. 이 사례를 통해 내리게 된 서비스의 정의는 '끊이지 않아야 할 서비스 마인드 교육'이다.

의견B 이 사례를 보면서 먼저 제보자에게 놀랐다. 아니 정확하게 표현하면 부럽다. 1박에 몇 십만 원씩 하는 호텔을 이렇게 자주 이용하는 것이 말이다. 일반적으로 호텔에서 근무하는 직원들은 '호텔리어'라는 명칭으로 자부심과 자존감이 강하다. 그만큼 자신의 하는 일에 보람과 만족을 가지고 일한다. 그렇게 일하는 호텔리어들은 자신의 명칭을 손상하는 일을 하지 않을 것이다. 사례에서는 놀랍게도 호텔리어들의 자존감을 가진 사명감은 전혀 찾아볼 수가 없다. 특히나 고객 접점에서 일하면서 고객에게 제공되는 컵이나 청소행위를 비위생적으로 한다는 것은 납득이 가지 않는다. 남이 보지 않는다고 대충 '눈 가리고 아웅' 하는 식으로 하는 것은 직업에 대한 의식수준의 문제이다.

그럼 왜 이런 의식수준으로 일을 하는 것일까? 자신이 하는 일에 만족하지 못해서 이거나 서비스마인드 자체가 없어서가 아닐까 생각한다. 만족을 하지 못한다는 것은 무엇일까? 일반적으로 직원들이 자기일에 만족하지 못하는 것은 만족할 만한 급여가 주어지지 않아서 일 것이다. 그러면 호텔 측 경영진의 직원의 처우에 대한 문제로 귀결된다. 근본적인 것을 해결하지 않고 똑바로 하라고 강압적이게 한다면 그 효과는 미미할 것이다. 서비스마인드가 문제라면 호텔 측에서 주기적인 서비스 교육을 통해서 몸에 밴 서비스 정신을 길러야 한다. 어쨌거나 준비가 되지 않은 호텔리어들의 행동으로 호텔의 이미지는 물론 그 나라의 국격에도 커다란 손상을 일으켰다. 이를 만회하기 위해서는 얼마나 많은 노력이 필요하겠는가.

의견 C 사전적 의미의 5성급 호텔은 '고객에게 최상급 수준의 시설과 최고의 맞춤 서비스를 제공하는 호텔'로 정의된다. 호텔의 등급은 시설과 서비스의 수준에 따라 결정되는데 세부적으로 객실 및 부대시설의 상태, 서비스 제공 상태, 안전관리 등에 관한 법령 준수 여부에 따라 이뤄진다.

최근 우리나라 5성급 호텔에서도 이와 비슷한 사례가 발생했다. 고객 편의를 위해 객실에 비치된 커피포트 테두리가 녹이 슬어있고 욕조에 정체 모를 이물질이 부유하는 등 객실 위생 불량에 대해 언급했다. 호텔에서 청결은 서비스에서 기본 요인Must-Be으로 고객이 서비스나 제품으로부터 자연스럽게 기대하는 최소한의 요구 조건이다. 당연하다고 생각하는 것이다. 이렇게 기본 요인을 제대로 충족시키지 않으면 고객은 상당한 불만을 갖게 된다. 이때 생긴 불만은 신뢰를 무너뜨리는 가장 무서운 결과를 초래할 수 있기 때문에 서비스의 가장 기본은 최고의 가치라는 생각을 잊지 말아야 한다.

CHAPTER 15

정당한 고객의 요구, 과연 어디까지일까

네티즌 A 씨는 식당에서 메뉴판에 없는 반찬(계란 프라이)을 부탁했다가 다른 네티즌들의 지적을 받았다. 계란 프라이를 좋아해서 식당에 가면 자주 "계란 프라이 두 개 해주세요. 1,000원 더 드릴게요" 하고 부탁했고, 대부분은 이 요구가 통했다. 그런데 최근에 갔던 그 식당은 그의 부탁을 거절하며 "여기가 자기 개인 식당인줄 아냐"고 핀잔을 줬다. 공짜로 달라고 한 것도 아니고 돈 주겠다는데, 다 들리게 하니 좀 황당했다.

이 사연에는 300개가 넘는 댓글이 달렸다. "메뉴판에도 없는 것을 요구했으니 진상이 맞다"며 반박하는 이가 생각보다 많았고 "1,000원 깎아 줄 테니 설거지하라면 하겠느냐"는 식의 비유로 네티즌 행동이 잘못됐다고 지적하는 이도 있었다. "부탁한 것이니 대놓고 무시한 것도 잘한 건 아니다"는 두둔도 있다.

같은 상황을 두고 느끼는 것은 상대적일 수 있다. 갑질을 하는 이른바 '진상' 손님도 때에 따라 달리 느껴질 수도 있고, 같은 행동으로 과거에는 괜찮았는데 최근 무례한 사람 취급을 받을 수도 있다. 여러분의 생각은 어떠한가?

〈국민일보〉'돈 더 드릴 테니 계란프라이 좀… 제가 진상 손님인가요' 발췌 요약 2018.11.26.

의견 A 대가를 지불하지 않고 요구하는 것은 옳은 방법이 아니라고 생각한다. 요즘은 서비스로 무엇을 해달라고 하거나, 메뉴에 없는 아기밥을 요구하는 상황 때문에 일부 아기 엄마들이 맘충이라는 소리를 듣기도 하지 않는가? 사례의 주인공처럼 대가를 지불할 테니 가능한지 여부를 묻는다면 다시 생각해봐야 할 문제이다.

T. O. P가 있다. 또 요청과 요구는 다르다. 여태껏 다른 가게에서 가능했던 요청이라 하더라도 다른 가게에서 거절당할 수 있다. 누구의 잘잘못을 떠나 고객으로서 메뉴에 없는 다른 무엇인가를 요청한다면 정중하게 여쭤봐야 할 것이고 그것이 거절된다 하더라도 기분 나빠하지 말아야 할 것이다. 또한 업주도 메뉴에 없는 무엇인가를 고객이 찾았을 때 상대가 기분 나쁘지 않게 정중하게 거절하는 스킬도 필요하다. 이번 사례를 통해 내린 서비스의 정의는 '상호간의 존중'이다.

의견 B 부탁이야 얼마든지 할 수 있다. 단지 그 부탁을 들어줄 상황인지 파악을 하는 것이 우선일 것이다. 식당에서 메뉴에도 없는 계란프라이를 요구하는 것은 식당의 호의가 있을 때에는 가능하다. 하지만 그렇지 않고 충분히 거절당할 수도 있다.

나도 자주 가는 식당에서 된장찌개를 주문해서 먹는다. 그 집은 테이블에서 된장찌개를 직접 끓여서 먹는다. 단골이라 주인과 종업원을 잘 안다. 그래서 갈 때마다 멸치를 별도로 요구한다. 된장찌개에 멸치를 넣어서 끓이면 멸치국물이 우러나서 더 맛있다. 그리고 남은 몇 마리 멸치로는 된장에 찍어서 먹는다. 그 맛도 맛이지만 단골로서 누리는 특혜라는 만족감이 그 집을 더 찾게 한다.

이렇듯 메뉴에도 없는 특별한 것을 주문할 때에는 그 대가를 주고 안 주고 떠나서 식당주인과의 교감이 필요하지 않을까 생각한다. 처음 찾아온 고객이 메뉴에도 없는 것을 주문할 때에는 황당할 수 있을 것이다. 하지만 식당 이미지 및 고객관리 차원에서 요구조건을 들어주는 곳이 많을 것이다. 하지만 그 요구조건을 들어 주지 않는다고 해서 식당을 비난할 것은 아니라고 생각한다. 식당에서는 그렇게 못해주면 정중하게 '지금 바쁜 점심 시간이라 별도 메뉴는 곤란합니다'라던가 아니면 '죄송하지만 재료가 없어서 곤란합니다'라는 식으로 거절했으면 좋았을 것이다.

사례에서는 고객 앞에서는 거절하고 돌아서서 고객이 들을 수 있게 투덜거렸다. 고객을 상대로 하는 식당에서 이렇게 고객을 핀잔주는 행동은 삼가야 한다. 고객이 수익을 내 주는 근원인데 말이다.

의견 C 최저임금 인상과 4차 산업혁명으로 인해 곳곳에서는 변화의 바람이 불고 있다. 음식 주문을 받아주던 직원 분은 어디로 사라지고 문 앞에는 떡하니 키오스크 한 대가 기다리고 있다. 화면에는 친절하게 메뉴와 이름, 가격이 적혀있지만 답답할 때가 한두 번이 아니다. 추천 메뉴는 무엇인지, 더 추가하고 싶은데 어떻게 해야 하는지 물어보고 싶은 건 많은데 도통 물어볼 수가 없다. 그저 기다리는 다음 손님의 눈초리에 뒷통수만 따가워질 뿐이다. 예전에는 몰랐는데 인적서비스가 얼마나 소중한 것인지 깨닫게 되는 요즘이다.

이제는 '당연한 서비스'라는 것은 없다. 추가적인 서비스가 필요하다면 고객은 정중한 부탁이 필요하고, 거절해야 하는 상황이라면 그 또한 고객의 마음에 스크래치가 나지 않도록 정중하게 해야 한다. 앞으로는 더욱 더 상호 간 정중한 태도가 중요하게 될 것이다.

CHAPTER 16

이런 음주운전 사건
들어보신 적 있나요

청주공항에서 벌어진 일이다. 아침 7시 반쯤 청주에서 출발해 제주도로 향할 예정이던 ○에어 소속 LJ○○○편 항공기의 조종사가 음주 단속에 적발됐다. 이륙 전 항공사 사무실에서 조종사와 승무원들을 상대로 벌어지는 국토교통부의 불시 단속에 걸린 것이다. 다행히 항공기에 탑승하기 전 해당 조종사는 교체됐지만, 승객들의 안전을 외면했다는 비난을 피하기 어려워 보인다. 이 때문에 항공기 출발도 50분 정도 지연됐다.

〈YTN〉'○에어 조종사 음주 상태 이륙 직전 적발' 발췌 요약 2018.11.16.

의견 A 비행기 조종사도 음주단속을 한다는 것은 정말 생소한 상황이다. 어쨌든, 일반 상식으로 음주단속은 자동차만 하는 줄 알고 살아왔던 내게 이 사건은 정말 충격적이었다. 가끔 택시를 타고 밤에 귀가를 할 때면 음주단속에서 택시는 패스Pass를 해주었는데, 이번 사례를 통해 버스, 택시 기사까지도 승객의 안전과 모두의 안전을 위해 더 엄격하게 음주단속을 해야 한다고 생각한다. 이 사례를 통한 서비스의 정의는 '고객과의 약속'이다.

의견 B 비행기, 배, 자동차 등은 편리한 교통수단이다. 편리한 것만큼 사고가 났을 때는 사상에 이르게 하는 치명적인 문제가 있다. 정신을 바짝 차리고 운행을 하더라도 사고가 일어나는 경우가 종종 있다. 사고가 나면 혼자 잘못되는 게 아니라 동승자 및 상대 차량 등에게도 치명적이다. 음주를 하고 운행을 하면 정신이 맑지 않아서 사고의 위험은 그만큼 더 크다. 그래서 자동차의 경우에는 수시로 음주단속을 하여 음주운전을 금지시키고 있다.

음주운전은 차량에 대해서 그것도 주로 자가용 운전이 주로 단속 대상이었다. 택시나 버스 등은 직업으로 하는 것이므로 당연히 음주는 하지 않는 것으로 이해되어 왔다. 이런 점에서 비행기도 마찬가지이다. 고도의 훈련과 자격을 갖춘 조종사는 당연히 음주는 안한다고 생각한다. 그런데 이번에 불시단속에서 음주 적발이 되었다. 조종사로서의 기본 자질이 없는 사람이다. 혼자도 아니고 많은 승객의 생명이 왔다갔다 하는데 음주를 하고 조종대를 잡으려 했다니 말이다. 불시단속이 없었다면 음주 비행을 했을 것이다.

이전에 불시단속이 없을 때에도 음주 비행을 하지 않았다고도 볼 수 없다. 단속을 한다고 안마시는 그런 상황이 아니다. 승객의 생명이 달려있는 문제다. 물론 아침 7시경이니 전날 마신 술이 숙취해소가 안됐을 수도 있다. 물론 전날 술을 마실 수도 있다. 하지만 다음날 비행 일정이 있으면 마시지 않거나 마시더라도 비행에 지장이 안 가게 해야 하는 게 옳다고 본다. 그런 게 사명감이다. 항공사측의 해명도 초라하다. 사과를 하고 재발방지를 위해 노력하겠다는 반성이 있었어야 한다고 본다. 그런데 재측정 하니 문제가 없다고 했다. 누가 그걸 믿겠는가? 숨겨서 될 일이 아니다. 모 연예인이 마약수사와 관련하여 머리카락 검사에서 마약성분이 검출됐는데, 자신도 왜 그렇게 나왔는지 의문이라고 했다가 나중에 다 자백했다는 뉴스가 떠오른다. 이제는 조종사들이 조종대에 오르기 전에 무조건 음주단속을 해야 하는 게 아닌가 싶다.

의견 C 앞서 한 번 언급했지만 매슬로우의 인간의 욕구 5단계를 보면 이 사례를 조금 더 쉽게 이해할 수 있을 것이다. 1단계 생리적 욕구, 2단계 안전의 욕구, 3단계 사회적 욕구, 4단계 존중의 욕구, 5단계 자아실현의 욕구이다. 배고픔, 졸음 등 아주 기본적인 생리적 욕구를 해소해야 하며, 지금 내가 있는 이곳이 안전하다는 생각이 들어야 다음 단계로 자연스럽게 넘어가게 된다. 서비스 현장에서도 이와 비슷하다. 안전이 우선이 되어야 기업과 고객 상호간 신뢰를 바탕으로 서비스 제공이 이뤄질 수 있다.

CHAPTER 17

무심코 사용한 호칭이
과연 바른지 점검해보자구요

"아가씨, 잠깐 이리 좀 와봐요. 화장실까지 가기가 번거로워서, 소변통 좀 붙잡아줘요."

"언니, 나 냉장고에서 사과 좀 꺼내서 깎아줄 수 있을까?"

"저기요, 돈 드릴테니까 담배 한 갑만 사다주세요."

'아가씨, 언니, 저기요' 등 직업과 무관한 호칭으로 불리는 이들이 있다. 환자들의 건강과 생명을 지키는 전문 의료인, 여성 간호사들이다. 종합병원에서 근무하는 간호사에게 간호사에 대한 호칭과 역할에 대해 물었다.

"환자들에게 언니나 아가씨라고 불린 적 있나요?"

주변 사람을 부르듯 아가씨, 언니라는 호칭을 쓰는 분들이 많다. 의학 전문 지식을 공부해서 평소전문 의료인이라는 사명감을 가지고 일하고 있는데 언니라는 호칭을 들으면 기분이 좋지 않다. 언니라는 호칭은 의도가 나쁘지 않은 걸 알아서, 바로잡지 않는 편이다. 다만 남성 환자분들이 아가씨라는 호칭을 사용하면 불쾌하다. 그럴

땐 "환자분 여기 '아가씨' 없어요"라고 완곡하게 말하면서 제대로 된 호칭을 사용하도록 바로잡는다. 간호사에게는 되도록 '간호사, 간호사님, 선생님' 등의 호칭을 사용하면 좋겠다.

〈머니투데이〉 '저기 아가씨… 간호사, 뭐라고 부르죠?' 발췌 요약 2018.12.09.

의견 A 부끄럽다. 서비스를 컨설팅하고 강의를 하는 나조차도 간호사님께 언니라는 호칭으로 불렀기 때문이다. 생각해보니 나 편하자고 친근감이라는 의도로 간호사 언니라고 불렀는데 이게 잘못된 호칭이었다니 반성하게 된다. 강사인 나에게 강사라는 호칭이 아닌 정진희 씨 또는 미스 정이라고 불렀다면 뒤도 안돌아보거나 몹시 화냈을지도 모른다. 고객으로서 환자로서 대접받으려 하기 전에 나에게 서비스해주고 나를 챙겨주는 사람에게 먼저 정중하게 다가가야겠다. 이 사례를 통해 내린 서비스의 정의는 '정중한 호칭'이다.

의견 B '나를 인식한 대로 부르는 것'이 호칭이기 때문에 참 중요하다. 같은 의료계에 종사하는 의사와 간호사의 경우에 의사는 통상 '선생님'으로 부르지만 간호사는 '아가씨', '언니', '저기요' 등으로 다양하다. 간호사도 환자의 생명을 다루는 전문 직종이므로 충분히 '선생님'이란 호칭을 들을 만하다. 이왕이면 다홍치마라는 말이 있듯이, 간호사가 듣고 싶고, 듣기 좋아하는 호칭으로 부르는 게 낫지 않을까?

간호사들은 정말 힘들게 근무한다. 매일 환자와 상대해야 하고, 3교대 근무를 하다 보니 몸과 마음이 지치기 마련이다. 또한 그들에게는 '태움 문화'가 있었다. 이 말은 영혼이 재가 될 때까지 태운다는 뜻으로 선배간호사가 신입 간호사를 가르치는 과정에서 괴롭힘 등으로 길들이는 규율 문화를 일컫는 용어이다. 이처럼 간호사는 호칭을 잘못 부르는 환자나 보호자에게 힘들어하고, 태움 문화로 힘들며 3교대 업무로 지쳐 있다. 이런 상황의 간호사를 조금이나마 생각한다면 호칭만이라도 가려서 써야할 것이다. 지금 다시 생각해도 환자의 생명을 살리기 위해서 그렇게 노력하는 모습을 보면 존경과 감사의 마음이 든다. 나부터라도 병원에 가면 '간호사 선생님', '간호사님'으로 불러야겠다.

의견 C 흔히 '자리가 사람을 만든다'는 이야기를 종종 한다. 호칭도 마찬가지이다. 호칭은 상대방의 업을 존중해주는 표현으로써 일을 하는 데 자부심과 성취감을 느끼게 해준다. 하물며 '언니', '저기요'와 같은 호칭은 그 정도만큼의 대우를 받겠다는 것일지도 모른다.

이런 이야기가 있다. 조선시대 박상길이라는 백정이 있었다고 한다. 푸줏간에서 열심히 일하고 있는데 상길에게 어느 날 한 양반이 와서 "야! 상길아~ 어서 고기 한 근 내놔라!"라고 말했다. 그랬더니 백정 박상길은 아무 말 없이 양반이 주문한 대로 고기 한 근을 썰어 주었다.

뒤이어 또 다른 양반이 주문을 했다. "박 서방, 여기 고기 한 근 주시게"라고 정중히 말했다. 그랬더니 백정은 기분 좋게 웃으며 고기를 내주었다. 먼저 주문해 고기를 받은 양반이 고기 크기가 서로 다른 것을 보고는 화를 냈다. "야! 같은 한 근을 주문했는데 어찌 내 고기의 크기가 저 양반의 것과 다르단 말이냐?"라고 말이다. 그랬더니 백정 박상길은 조용히 한 마디 했다. "손님 고기는 백정 박상길 놈이 자른 것이고, 저 어르신의 고기는 박 서방이 잘라 준 고기입니다." 이처럼 고객도 대접 받고 싶다면 직원의 호칭에 신경을 써야 한다.

CHAPTER 18

불법 전단지 문제를 해결한
눈에는 눈 이에는 이 전략

경기도 수원시 팔달구 인계동에는 '인계박스'라고 불리는 공간이 있다. '경기도 최대 유흥가'라는 오명이 붙어 있는 곳이기도 하다. 가장 큰 문제는 불법 전단(불법 성매매, 불법 대출)이었다. 이런 전단지는 인근 주택가에도 나돌았고, 벗은 여성들이 등장하는 낯뜨거운 광고지에 놀란 주민들의 민원이 쏟아졌다.

그런데 요즘 인계박스에선 이런 불법 전단지, 현수막을 찾아보기 어렵다. 변화가 시작된 것은 수원시가 2017년 말 KT와 '불법 유동 광고물 자동전화안내 서비스 업무협약'을 체결하면서부터다.

불법 현수막이나 음란·퇴폐·불법 대출 전단지 등 유동 광고물에 적힌 전화번호로 자동으로 전화를 걸어 옥외광고물법 위반에 따른 과태료 등을 알린다. 1차 전화에도 불법 광고물을 계속 올리거나 살포하면 해당 번호로 10분마다 전화를 건다. 그래도 개선하지 않으면 5분에 한 번씩 자동전화를 한다. '통화폭탄'으로 해당 전화를 마비시키는 방식이다. 불법 광고물 게시자가 안내 전화를 스팸으로 등록하지 못하도록

200개의 서로 다른 발신 전용 번호를 확보해 무작위로 전화를 돌렸다. 결국 불법 광고물 게시자들이 제풀에 지쳐 해당 번호를 사용하지 않게 하는 것이다.

2018년 1월부터 10월까지 수원시는 불법 광고물에 적힌 5,619개 전화번호로 15만6천906차례의 안내 전화를 걸었다. 이후 지난해 불법 광고물 월평균 적발 건수는 모두 5만3천278건으로 2017년 같은 기간(20만977건)보다 74.5%(15만5천799건) 감소했다.

〈중앙일보〉 '5분 마다 전화 폭탄…낯뜨거운 불법 전단지가 사라졌다' 발췌 요약 2019.01.16.

의견 A 세금이 이렇게만 쓰인다면 얼마나 좋을까? 오래간만에 사이다 같이 속이 시원해지는 사례를 접했다. 홍보와 마케팅을 해야 하는 소상공인들의 마음은 충분히 알지만 거리를 더럽히고 여기저기 차에 꽂아놓는 불법전단지는 유쾌하지만은 않다. 눈에는 눈, 이에는 이 방법이 통했던 것 같다. 모든 상황을 이와 같이 할 수는 없겠지만 이번 사례는 오래간만에 세금이 바람직하게 쓰이고 있다고 여겨질 만큼 칭찬받아 마땅한 응대임에 틀림없다. 이번 사례를 통한 서비스의 정의는 '공의'이다.

의견 B 불법전단지에 대해서 누구나가 공통적으로 느끼는 불쾌함을 공감하지만 그저 다른 세상 일이거니 외면하고 있었다. 다시 말해 현실에서 불법과 법이 공존하는 꼴사나운 현상이 일어나고 있었다. 전화폭탄으로 스스로 그 행위를 포기하게 하는 아이디어는 정말 탁월하다. 그동안 공무원이 하는 일은 탁상행정이 많아서 세간의 비판을 많이 받아왔다. '공무원스럽다' '공무원이 그렇지' '공무원같이 일할래?' 이런 말을 일삼아 했었다. 전화폭탄과 같은 방식으로 공무원이 일을 한다면, 국민이 내는 세금이 아깝지 않다. 성매매나 불법대출 관련한 전화폭탄 뿐만 아니라 곳곳에 산재해 있는 불법적이고 건전하지 않은 '지하경제' 등에 대해서도 탁월한 행정력을 발휘하여 건전하고 건강한 사회로 다듬어 가면 좋겠다.

의견 C 전화폭탄이라는 신선한 아이디어로 행정업무의 수준을 높였다는 의견이 많다. 문제를 해결하는 능력 중에서도 창의적인 아이디어가 앞으로 더욱 더 중요해질 것이다. 잘 해결되지 않았던 서비스 문제도 참신한 생각으로 접근해 보면 좋겠다.

CHAPTER 19

기내 서비스,
어디까지 요청할 수 있을까요

미국 로스앤젤레스에서 대만 타이베이로 향하는 대만국적 항공기 에○ 항공 여객기 안에서 발생한 일이다. 휠체어에 앉은 채 과체중으로 보이는 가해 남성승객은 비행기 안에서 2시간 동안 화장실 이용을 위해 여승무원들에게 도움을 요청, 장애 때문에 혼자 하의를 벗고 입을 수 없다고 주장하며 속옷을 벗겨 달라 하고 엉덩이 뒤처리까지 맡긴 일이 발생했다.

승무원들은 권한 밖의 일이라며 거부했지만 연거푸 이어지는 요청에 결국 3명의 승무원이 탈의를 도운 것으로 전해졌다. 해당 승무원들은 성희롱이라고 비난했으며 에○ 항공 측은 보도자료를 통해 승무원이 부적절하다고 느낄 경우 고객의 요청을 거절할 수 있다고 밝혔다. 아울러 소송 업무를 포함해 해당 승무원들을 지원할 방침이라고 전했다.

〈뉴시스〉'용변 보게 하의 벗겨달라…대만 항공서 승객이 여승무원 성희롱' 발췌 요약2019.01.22.

의견A 이 사건은 고객의 갑질로 여겨진다. 기내라는 한정된 공간 안에 여승무원만이 서비스하는 이 항공사. 아마도 고객은 이 항공사의 특성을 잘 알고 있었던 것 같다. 블랙컨슈머는 불만고객과는 완전 다르다. 악의를 품고 서비스를 악용하는 것은 분명 블랙컨슈머임에 틀림없고 이런 고객으로부터 직원을 보호해야할 의무가 있다.

모든 고객에게 친절해야하는 서비스 접점직원. 절대적으로 을일 수밖에 없는 상황. 이들에게 싫은 것을 싫다고 말할 수 있는 권한은 없는 것일까? 언제쯤이면 이런 권한이 생길 수 있을까? 이번 사례를 통해 내린 서비스의 정의는 '거절할 수 있는 권한'이다.

의견B 정말로 있을 수 없는 일이 일어났다. 휠체어를 타고 혼자 여행하는 것을 탓하는 것은 아니다. 하지만 스스로 케어를 할 수 없는 상황에서 승무원에게 의지를 한다는 것은 이해가 되지 않는다. 그것도 화장실에서 용변 후 뒷처리까지 요구하는 것은 비상식적이다. 이 정도까지할 수 없으면 보호자가 필요하다.

친절과 서비스에도 한계가 분명히 있다. 무조건 요구하는 걸 다해주는 것이 서비스 정신은 아니다. 이 고객은 상습적이기 때문에 블랙리스트에 올려서 차단을 할 필요가 있다. 항공사가 그런 조치를 해 놓지 않아서 애꿎은 승무원들만 곤란한 상황에 놓였다. 이로 인해 승무원은 물론 다른 고객들도 불편을 겪어야 한다. 2시간 동안 화장실을 사용하니 다른 고객들이 이용할 수 없어서 불편했을 것이다. 그리고 화장실 문을 열게 해서 냄새가 밖으로 새어 나가니 다른 승객들이 불쾌한 상황이 발생했을 것이다. 게다가 승무원을 성희롱까지 했다고 하니 여기에 대한 항공사의 승무원 보호 조치가 반드시 있어야 한다. 서비스를 제공하는 승무원은 승객과의 관계에서는 상호작용하는 파트너임을 명심해야 한다. 서비스도 받을 준비와 자세 매너를 갖춘 상태로 받아야 한다.

의견 C 비매너 고객. 갑질 고객. 이 단어가 가장 먼저 떠오른다. 그리고 회사 차원에서 직원을 보호할 수 있는 정확한 가이드 라인을 매뉴얼화 해야 한다. 물론 서비스의 범주는 굉장히 크고 다양하다. 매뉴얼 밖의 상황에 대해서도 유연하게 행동해야 한다. 하지만 '정말 이것까지 우리가 해야 돼?'라는 생각이 들 정도로 고객의 갑질이 만연하다면 그것은 그저 그렇게 제공해야 할 서비스로 간주해서는 안 된다. 자신이 원하는 것을 들어줄 때까지 떼를 쓰고 다른 고객들에게도 피해를 준다면 그 부분은 자체적인 규율로 엄하게 제지해야 할 것이다.

CHAPTER 20

갑과 을 그 의무와 권리
과연 어디까지 인정해야 할까

새벽 2시 15분, 당신이 뽑은 편의점 아르바이트생이 열심히 일하는지 알고 싶어 CCTV를 봤더니 앉아서 휴대폰을 보고 있다. 당신은 어떻게 할 것인가? 새벽 2시 15분에 점장님으로부터 "첫날부터 휴대폰만 보고 있나요? 유통기한 체크하고 일하세요"라는 메시지를 받았다. 문자를 받은 노동자는 조금 고민하더니 '잠 안 주무시는 거 같은데 직접 와서 일하세요, 일 그만두겠습니다, 40분에 집에 갈게요'라고 답했다.

아르바이트 노조가 2016년 11월에 전,현직 편의점 아르바이트 노동자 368명을 대상으로 실시한 설문조사에서 매장 내 CCTV로 감시를 당하거나 업무지시를 받았다는 응답은 39.1%를 차지했다. PC방에서는 CCTV를 보고 제대로 일을 안 한다며 사장이 아르바이트 노동자를 폭행한 일도 있었다. 아르바이트 상담소에는 사장이 면접 당시의 영상을 돌려보고 하품을 한다는 이유로 채용을 취소했다는 노동자의 상담이 들어오기도 했다.

한 편의점은 카운터 뒤에 '화장실 5분만요~'라는 문구를 써 붙여 놓기도 했다. 생리 현상까지 통제하는 것이다. 가게 문을 열어놓고 손님을 기다리는 행위가 편의점 업무의 핵심이기 때문이다.

〈오마이뉴스〉 2019.01.22. "'휴대폰만 보냐?' 새벽2시 점장님의 카톡, 당신의 선택은?' 발췌 요약

의견 A 아르바이트생의 입장과 업주의 입장을 충분히 알 수 있을 것 같다. 첫날이기 때문에 걱정되기도 하고 궁금한 마음으로 관찰할 수 있는 것이지만 아르바이트생의 입장에서는 얼마나 기분이 나빴을까? 반대로 아르바이트생은 손님이 없으니 휴대폰을 하며 대기하는 것이 잘못된 행동은 아니나 첫 출근인 만큼 가게 내부를 살펴보고 이것저것 익힐 법도 했다. 누구의 잘잘못을 따지기는 어렵지만 서로가 한발자국씩 물러서 업주와 아르바이트생의 입장을 바꿔 생각해본다면 첫날부터 얼굴 붉히는 일은 없었을 것이다. 업주도 조금만 더 참고 다음날 출근해서 아르바이트생에게 해야 할 일을 알려주고, 아르바이트생도 첫날이니만큼 긴장한 자세로 자리를 지켜줬다면 좋았을 것 같다. 이번 사례로 내린 서비스의 정의는 '입장 바꿔 생각하기'이다.

의견 B 편의점은 새벽시간에 손님이 거의 없다. 그럴 경우에는 앉아서 쉴 수도 있다. 아르바이트생에게 점포를 맡겼다는 것은 그 시간대에 편의점의 운영을 위임했다는 것이다. 그러면 아르바이트생이 근무하는 동안은 책임감을 가지고 점포를 운영하면 된다. 편의점 주는 나중에 알바생의 업무결과에 대해서 질책을 하거나 시정을 요구하면 된다.

맡기고도 불안해서 CCTV로 실시간 감시하는 것은 월권이고 갑질이다. 본인이 스스로 채용한 직원을 믿지 못한다면 차라리 채용을 하지 말았어야 한다. 뽑았으면 믿고 맡겨야 한다. 첫날부터 그렇게 간섭하는 것은 갑질로 밖에 보이지 않는다. 편의점주의 이러한 행동에 대해서 아르바이트생이 그만두겠다고 한 것은 어쩌면 당연한 결과라고 본다. 예의 없어 보이는 부분은 있을지라도 그렇게 간섭을 받고 일하고 싶은 사람은 없을 것이다. 점주와 아르바이트생과의 관계에서 직원을 먼저 생각하고 배려하는 마음이 있어야 한다. 배려가 없는 상황에서 감시만 한다면 직원의 일에 대한 사명감과 열정을 기대할 수 없다. 가뜩이나 힘든 젊은 세대 아르바이트생들의 현실의 고단한 마음을 조금이라도 어루만져 주는 점주들이 늘어나기를 기대해 본다.

의견 C CCTV는 우리의 일상생활에 많은 도움을 주고 있다. 비록 처음엔 감시받고 있다는 생각으로 '불편하고 부담스럽다'는 의견이 많았지만 지금은 위험 상황을 인지하고 빠르게 대처할 수 있도록 큰 도움을 주고 있다. 특히 편의점을 운영하는 점주의 입장에서는 직원에게 업무를 맡기고 중간 중간 CCTV 점검을 하게 된다. 못하는 경우도 발생되는 만큼 부족한 부분은 차근차근 채워나갈 수 있도록 지도해 주는 것도 필요하다. 더불어 직원도 주인의식을 가지고 서로 존중하고 배려하면서 일하고 싶어지는 일터를 만들어 갔으면 좋겠다.

CHAPTER 21

감정노동이 가격으로
측정되어야 하는 이유

A 씨에 따르면 이날 모두를 언짢게 했던 건 식사 시작부터였다. "자장면, 짬뽕, 볶음밥 있습니다. 먼저 자장면부터 손 드세요." 최근 A 씨가 지인들과 서울 마포구의 한 중식 음식점에서 코스 요리로 저녁 식사 도중, 황급히 들어온 종업원이 식사 주문을 받으며 한 말이다. 단품 요리도 아닌 1인당 4만 원대 중반의 '코스 요리'를 주문했는데 종업원은 큰 접시 하나에 담긴 요리를 테이블 중앙에 갖다 놓고는 사라져 버렸다. 손님들이 알아서 나눠 먹으라는 식이었다.

테이블에 동석한 지인들은 냉채, 수프, 탕수육, 소고기 요리, 고추잡채 등으로 구성된 요리를 자신의 접시에 옮겨 담느라 바빴다. 혹여 자신의 접시에 음식을 정량을 초과해 담을까 신경을 바짝 곤두세워야 했다. 젓가락질 한번 잘못했다가 '이기적인 사람'이라는 인상을 주지 않기 위해서였다.

지인 중 한 사람이 카운터에 있던 주인장에게 곧바로 달려갔다. "사장님, 우리는 코스 요리를 주문했는데 이게 뭡니까. 손님 개인 접시에 담아서 내주셔야죠." 그러자

주인장은 예상했다는 듯, "손님 미안합니다. 최저임금이 많이 올라 직원을 줄이다 보니 어쩔 수가 없네요"라고 했다.

〈문화일보〉 '직원이 떠주던 코스요리… 이젠 손님에게 "직접 떠 드세요"' 요약 발췌 2018.12.11.

의견 A 사람을 대신하는 서비스가 많아지고 있다. 공항에서는 로봇이 돌아다니면서 각국의 언어를 선택만하면 그 나라 언어로 안내를 해주고 있어 멀리 떨어져있는 인포메이션까지 찾아가지 않아도 된다. 이렇게 사람이 했던 일을 로봇이나 기타 자동화 기계에게 자리를 내준만큼 인적 서비스는 더 기대하기 나름이다.

하지만 노동의 가치가 높아지면서 인적 서비스의 가치도 덩달아 높아졌다. 값이 오르면 서비스의 수준도 높아져야하는데, 인적 서비스의 가치는 올라가지만 고객에게 돌아가는 서비스는 줄어드는 이상 현상이 생기고 있다. 고객 접점에서 일하는 서비스의 가치는 높게 평가해주어야 한다. 감정노동이 가격으로 측정되었으면 좋겠다. 이번 사례를 통한 서비스의 정의는 '서비스 가격은 비싸다'이다.

의견 B 최저임금 인상이 우리나라 경제 지도를 많이 바꿔놓았다. 최저임금을 인상해서 직원들의 급여를 올리는 것은 좋은 일이다. 그러나 그 인상폭이 급격하게 커서 그 여파가 여러 곳으로 미친다. 영세 자영업자들은 직원의 고용을 줄여야 했고 이로 인해 실업자가 늘어났다. 또한 종업원들의 감소로 인해서 고객들은 불편을 겪어야 했다.

결국 근로자, 고용주, 고객 모두 피해를 보게 되는 상황에 이르렀다. 사례에서 보면 중식음식점 주인은 고객에게 '어쩔 수가 없다'고 말하며 양해를 구하고 있다. 주인의 상황은 이해하지만 무턱대고 어쩔 수가 없다고 하는 것은 바람직해 보이지 않는다.

그렇다면 주문을 하기 전에 미리 그런 양해를 하던가 아니면 그러한 서비스를 제공하지 못하므로 가격을 인하 하는 등의 조치가 필요하지 않을까. 어찌되었건 최저임금 인상에 대한 대처는 주인의 문제이다. 이러한 것을 고스란히 고객에게 전가하는 것은 서비스 정신의 결핍이다. 바뀐 상황이지만 좀 더 유연하게 고객에게 대해야 하는 게 아닌가 하는 아쉬움이 드는 순간이다. 친절하게 주문받고, 음식을 떠주는 서비스 자체가 별도의 비용의 개념이 되는 세상이 되었나 보다.

의견 C 살기 편한 세상이 온다는데 사실 요즘은 더 불편한 세상임을 느끼고 있다. 빠르고 정확하게 처리는 되지만 '따뜻함'이 사라지고 있다. 밥 한 끼 먹으러 식당에 들어갔을 때 반갑게 맞이해 주시던 직원분이 있었고, 요즘은 어떻게 지내시냐는 안부에 나를 챙겨주는 사람이 있다는 생각으로 배가 든든했었다. 당연하다고 생각했던 서비스가 사라지고 결과물만 강조하는 시대를 실감하면서 마음이 조금 헛헛해지기도 한다. 인적 서비스에 대한 감사함을 잊지 말아야겠다.

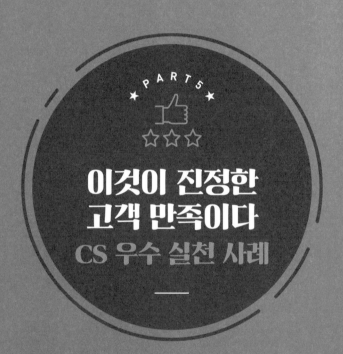

PART 5

이것이 진정한
고객 만족이다
CS 우수 실천 사례

CHAPTER 1

혼자라서 대접받는
1인 맞춤 서비스의 시대

통계청 인구 주택 총 조사의 의하면 1인 가구는 최근 20년 동안 2배 가까이 상승했다. 1인 가구가 꾸준히 증가함에 따라 소비 단위가 과거에는 가족을 포함한 그룹 위주였다면 지금은 젊은 세대를 중심으로 '나홀로 소비 트렌드'가 확대되고 있다. 혼자 즐기는 문화가 보편화되고 1인 고

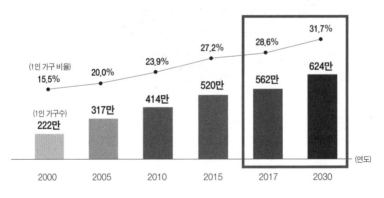

★ 1인 가구 현황

출처 통계청 인구주택총조사

객이 차지하는 비중이 커지면서 1인 고객을 중심으로 한 다양한 맞춤 서비스가 등장하고 있다.

먼저 나홀로 진정한 휴식을 찾아 떠나는 여행 '혼행(혼자 여행하기)'이 증가한다. 지친 일상에서 벗어나 재충전의 시간을 갖고자 나 홀로 휴식을 떠나는 1인 고객인 혼행족을 위해 다양한 맞춤 상품이 등장했다. 영화나 드라마를 종일 볼 수 있는 '나홀로 미드 정복 패키지', 혼자만의 온전한 휴식을 가질 수 있는 '조식 룸 서비스'와 '스파 마사지' 등을 통해 피로를 풀고 고객은 진정한 휴식과 충전을 하게 된다.

두 번째로 오직 영화 관람에만 집중하는 '혼영(혼자 영화보기)'이 증가한다. 1인 고객이 소비 트렌드로 자리잡으면서 영화관도 변하고 있다. 혼자서 영화를 본 경험의 비율도 42.9%로 10명 중 4명이 혼영을 경험해

출처 〈엔터테인먼트〉 2016.06.29. "메가박스에는 혼영족 위한 '솔로 안심존'이 있다"
www.insight.co.kr/news/66909 성보미 기자

본 셈이다. 영화관 메가박스는 1인 전용 좌석(솔로 안심존)을 배치해서 혼영족의 호응을 얻고 있다. 이처럼 영화관도 사회 인구구조 변화에 따라 1인 고객의 취향에 맞게 변하며 혼영족을 위한 서비스에 박차를 가하고 있다.

세 번째로 주변의 시선을 의식하지 않고 즐기는 '혼밥(혼자 밥먹기)'이 유행이다. 점점 증가하는 1인 고객은 식사 문화도 바꾸고 있다. 식사 메뉴를 선택하거나 먹는 속도 등 타인에게 맞추기 보다 자신에게 집중하며 주변의 시선을 의식하지 않고 즐기는 혼밥이 늘고 있다. 1인 고객 수요가 많아지다 보니 1인 전용식당 및 메뉴가 등장하고 요리 맛의 강약, 굽기 정도 등 개인 취향대로 즐길 수 있어서 혼밥족의 인기를 얻고 있다.

예전에는 혼밥, 혼영, 혼맥 등 혼자 활동하는 것을 요즘 말로 아싸(아웃사이더)와 같은 이미지로 여겼지만 요즘은 아니다. 2016년 시장조사 전문기업 마크로밀 엠브레인의 트렌드 모니터가 전국 만 19~59세 성

★ 1인 고객을 위한 식사

인남녀 1,000명을 대상으로 '나홀로족' 관련 인식조사를 실시한 결과(출처: www.mdtoday.co.kr/mdtoday/index.html?no=269834) 오히려 자유로운(44.1%), 즐길 줄 아는(31.5%), 당당한(30.8%), 여유로운(27.5%), 자립심이 강한(25.7%)처럼 긍정적인 이미지로 변모하고 있다. 이제 1인 가구의 증가는 시대의 흐름으로 앞으로 1인 가구는 더욱 많아질 것이다. 이처럼 1인 가구는 소비와 문화의 흐름을 좌우하는 중요한 고객군으로서 맞춤 서비스로 다가가야 한다.

CHAPTER 2

뉴욕의 교통체증을 고객 만족으로 바꾼 퍼포먼스 투어버스

세계적으로 악명 높은 뉴욕의 교통정체! 뉴욕을 찾은 관광객은 꽉 막힌 도로에 갇혀 걷는 것과 다를 바 없는 차량 주행속도(10km 미만)에 짜증이 나고 답답한 마음이 들기 쉽다. 브로드웨이와 할리우드에서 공연 기획자로 일했던 리처드 험프리는 꽉 막힌 도로에서 지루하고 답답한 시간을 보내는 관광객이 재미있게 즐길 수 있는 방법을 고민하게 된다. 그렇게 역발상으로 탄생하게 된 것이 바로 퍼포먼스 투어버스인 '더 라이드The Ride'이다.

투어버스 더 라이드의 특징은 번잡한 뉴욕 도심을 공연 무대로 바꾼 역발상 관광 전략으로 17억 원 상당의 특수제작(좌석, 음향, 조명)과 국제 특허를 받았으며 교통정체로 멈출 때 마다 뉴욕 도심을 배경으로 한 힙합, 댄스, 재즈, 발레 등 공연이 펼쳐진다. 투어버스는 야구장 관람석처럼 계단식 좌석 배치와 뉴욕 시내를 한 눈에 볼 수 있도록 통유리로 제

★ 관광객을 위한 도로 뉴욕 도로 공연 더 라이드

출처 〈채널A 더넓은뉴스〉 2018.08.07.
www.ichannela.com/news/main/news_detailPage.do?publishId=000000106529 박 용 기자

작된 것이 특징이다. 공연장에 온 듯 생생하게 전달되는 음향시설에 전문 MC의 능수능란한 진행은 뉴욕에서의 특별한 경험을 가능하게 한다.

느린 속도로 달리던 버스가 신호에 걸려 멈추자 어디선가 한 청년이 나타나더니 신나게 힙합 춤과 노래를 부른다. 최첨단 무선 오디오 시스템을 통해 공연자의 음성이 생생하게 전달되며 버스 안은 금세 콘서트장으로 바뀐다. 버스가 다음 장소로 이동하는 중간에도 평범한 시민인 듯해 보이는 공연자의 깜짝 등장으로 더욱 생생함을 즐기게 된다. 지나가는 일반 사람과도 함께 소통하고 뉴욕 거리를 배경 삼아 뮤지컬과 발레 공연을 하며 관람객들에게 감동을 선사한다.

한 미디어 인터뷰에서 더 라이드 관람객인 영국 버밍햄 시에 거주하는 앤드류 베이츠는 "더 라이드는 뉴욕에서만 할 수 있는 아주 특별한 경험이에요. 단순히 관광이 아니라 뉴욕 도심을 배경으로 공연을 관람함 느낌이죠. 낸 돈 이상의 가치를 느꼈어요"라는 말을 했다. 이처럼 더

★ 퍼포먼스 투어버스를 경험한 관광객 인터뷰

출처 〈채널A 더넓은뉴스〉2018.08.07.
www.ichannela.com/news/main/news_detailPage.do?publishId=000000106529 박용 기자

라이드의 역발상은 뉴욕 도심을 공연무대로, 버스를 움직이는 극장으로, 교통정체를 공연의 흐름으로 바꾸어 관람객에게 뉴욕에서 잊지 못할 특별한 추억을 만들어 주고 있다.

페이스북 창시자 마크 저커버그Mark Elliot Zuckerberg는 이런 말을 했다. "무엇인가를 개선하려면 틀을 깨뜨려라"라고 말이다. 남다른 생각이 주목받는 역발상의 시대! 역발상은 남들이 안 된다고 하는 것에 도전하는 것이다. 새로운 시각으로의 도전은 서비스 개선과 특별한 고객 경험을 만드는 아이디어가 될 수 있다.

CHAPTER 3

기존의 틀을 벗어난
색다른 고객 공간 카멜레존

카멜레온이 주변 환경에 따라 피부색을 바꾸듯 소비 트렌드에 맞춰 기존의 틀을 벗어난 색다른 고객공간을 '카멜레존'이라고 한다. 카멜레존은 특정 고객 공간을 소통, 협업, 체험 등을 통해 고유 기능을 넘어서 새로운 가치를 창출하며 고객 만족도를 높이고 있다.

그 사례로 먼저 소통을 통한 복합 문화 공간인 'KB락스타 청춘마루'를 들 수 있다. 1976년부터 40년간 은행지점으로 이용되던 'KB국민은행 서교동지점(홍대)'은 2018년 4월 21일 젊은 고객을 위한 열린 복합 문화 공간인 'KB락스타 청춘마루'를 오픈하고 다채로운 문화 콘텐츠로 소통하고 있다. KB락스타 청춘마루는 총 4개의 공간(청춘의 열정, 소통, 배움, 여유)에서 공연, 강연, 아카데미, 전시, 영화제, 파티, 버스킹 등 청춘들과 함께 소통하며 젊은 고객층의 청춘의 기억과 경험을 담는 복합 문화 공간으로 자리매김 하고 있다.

토크콘서트

실내 공간(청춘의 열정)을 활용한
전문가 강연 및 소통

청춘 옥상 공연

옥상 공간(청춘의 여유)을 활용한
영화제, 파티, 버스킹 공연 등

★ 젊은 고객을 위한 KB국민은행 복합 문화 공간

출처 www.freepik.com

두 번째, 협업을 통한 생활 밀착형 공간 '컬처 뱅크'가 있다. 온라인으로 모든 것을 해결하는 요즘, 온라인 금융거래가 활성화 되면서 힘을 잃고 있는 은행 점포 활성화를 위해 은행 공간을 활용한 색다른 고객 경험을 제공하려는 컬처 뱅크가 생겨나고 있다. '나는 커피 마시러 은행간다', '나는 책 읽으러 은행간다'라는 말처럼 은행 본래 기능을 잃지 않으면서 커피숍, 서점, 전시 등 공간의 협업으로 지역 고객들이 친근하고 편안하게 다가올 수 있도록 생활 밀착형 공간으로 재탄생되고 있다.

세 번째, 체험을 통한 오감 만족 공간인 '아마존 4 STAR'를 들 수 있다. 세계 최대 전자상거래 기업인 아마존은 2018년 9월 27일, 뉴욕 소호 지역에 온라인을 그대로 옮겨 놓은 '아마존 4 STAR' 매장을 열었다. 온라인 고객평점 4점 이상인 제품을 고객이 직접 체험해 볼 수 있도록 마련한 오감만족 공간이다.

온라인에서 본 인기 제품(4 SATR : 온라인 고객평점 4점 이상)을 만져보고

★ 내방객을 위한 우리은행(왼쪽)과 KEB하나은행(오른쪽) 점포 구성

출처 〈서울파이낸스〉 2018.05.04.
"책 읽으러 은행 간다"…은행권, '슬로뱅킹'으로 고객유치
www.seoulfn.com/news/articleViewhtml?idxno=305458 박시형 기자

조작해 볼 수 있으며 진열대에는 상품 후기도 붙어 있어서 제품을 선택하는데 고민을 덜어 준다. 이곳은 트렌드와 품질보증을 겸비한 제품들로 고객의 즐거운 놀이터가 되고 있다.

이처럼 기존의 틀에서 벗어난 색다른 공간의 변화가 일어나고 있다. 고객의 필요에 따라 카페로, 도서관으로, 공연장으로, 놀이터로 바뀌며 고객에게 새로운 가치를 체감하게 하고 욕구를 충족시키는 혁신적인 고객 경험 제공이 필요한 시대이다.

CHAPTER 4

초콜릿 제조사 안톤버그의
달콤한 고객 경험 제안

공항 면세점에 입점한 초콜릿 제조회사 '안톤버그Anthon Berg'는 출국 수속 후 면세점 쇼핑을 마치고 비행기 탑승 대기 중인 고객을 대상으로 즐겁게 참여할 수 있는 안톤버그만의 고객 경험을 제공했다. 현재의 잠재 고객이 미래의 고객이 될 수 있도록 즐거운 비행 여정을 만들어 주는 덴마크 코펜하겐 국제공항의 달콤한 고객 경험을 만나보자.

안톤버그는 비행기 탑승 게이트 앞 핑크색 부스를 마련했다. 탑승 대기자가 자신의 보딩패스 바코드(비행기 편명, 좌석번호)를 스캔하면 비행기 어느 자리에 앉게 되는지 화면으로 확인할 수 있다. 이때 좌석이 좋은지 불편한지 표시가 된다.

비상구 좌석 등 비교적 편한 자리라면 안톤버그의 기본 초콜릿을 선물로 주며 즐거운 여정이 될 수 있도록 따뜻한 인사말과 함께 전달한다. 비행 중 이동할 때 비교적 불편한 자리라면 기분까지 좋아지는 대

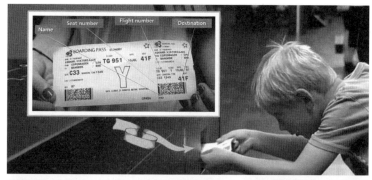

★ 대기 고객을 대상으로한 안톤버그 부스(위) 좌석에 따라서 안톤버그 초콜릿 제공(아래)

출처 네이버 블로그 '더 리얼 마케팅'
blog.naver.com/the_realmkt/130188148118

용량 초콜릿을 선물로 준다. 생각지도 못했던 깜짝 선물을 받은 탑승객의 얼굴엔 미소가 가득해진다.

이번에는 맨 뒤쪽 좌석이다. 단순히 맨 뒤쪽 좌석이 아닌 화장실과 가까이 있어서 사람들의 대기 및 이동이 빈번하고 자칫 시끄러울 수 있는 가장 불편한 자리로 꼽히기도 한다. 그래서 안톤버그는 이 고객에게 목베개, 수면 안대와 한정판 초콜릿을 선물하며 조금 더 편안하고 즐거

★ 가장 불편한 좌석 고객을 위한 안톤버그 서비스

운 여정이 될 수 있도록 마음을 담아 전달한다.

비행기 좌석을 업그레이드 해줄 수는 없지만 대신 기분을 업그레이드 해준 초콜릿 회사 안톤버그! 공항에서 만난 기분 좋았던 고객 경험은 안톤버그 브랜드와 초콜릿에 대한 긍정적인 경험으로 남아 브랜드인지도 뿐만 아니라 선호도에 큰 영향을 줄 것이다. 이렇듯 서비스 조직에서는 고객과 함께 하는 매 순간을 어떤 기분 좋은 고객 경험으로 채울지 고민해 보면 좋겠다.

★ 안톤버그 한정판 초콜릿, 목베개, 수면 안대

CHAPTER 5

고객이 진짜 원하는 것을 찾는 방법, 고객의 눈으로 바라보기

고객이 원하는 것을 찾기 위해 많은 기업에서 다양한 노력을 기울이고 있다. 고객이 어떤 것을 좋아할지 자료를 찾고 팀원과 회의를 하기도 한다. 하지만 이런 방식은 고객이 진짜 원하는 것을 알기에는 부족함이 있을 수 있다. 그러므로 사무실에서 벗어나 직접 고객의 입장이 되어 고객이 원하는 것, 고객에게 필요한 것을 도입해 고객의 사랑을 받고 있는 기업 사례를 알아보자.

먼저 일본 다이칸야마점의 '츠타야Tsutaya 서점'을 들 수 있다. 일본 대표 국민 브랜드로 잘 알려진 츠타야 서점 중에서도 다이칸야마점은 조금 더 특별하게 만들어졌다. 서점이 생길 자리 바로 앞의 카페에 앉아 하루 종일 지나는 사람들을 살펴보며 관찰했다. 주요 고객이 노년층이라는 것을 파악하고 츠타야는 노년층 고객의 입장이 되어 무엇이 필요할지, 어떻게 느낄지 이해하고 적용하기 시작했다.

다이칸야마점의 츠타야 서점은 처음부터 노년층을 위한 서점으로 주고객층의 관심사에 초점을 맞추어 매장을 만들었다. 주요 고객인 노년층은 아침잠이 적고 이른 아침 활동량이 많은 점을 착안해 서점 및 카페의 오픈 시간을 7시로 결정했다. 또한 성인이 된 자식을 분가시키고 독립된 생활을 하는 노년층은 외로움과 적적함을 덜어줄 반려동물과 함께 살아가는 모습을 보고 서점 내 반려동물 동반 출입이 가능하도록 했다. 뿐만 아니라 매장 내 동물 병원과 미용숍을 운영하며 노년층의 일상생활에 편리하고 적합한 서점을 만들게 된 것이다. 노년층의 관심 서적을 분석해 건강, 종교, 철학 등 메인 코너에 배치한 점도 다이칸야마점의 고객중심 서비스가 그대로 엿보이는 부분이다.

다음으로 홍콩 레스토랑 '쿠오레 프라이빗 키친Cuore Private Kitchen'을 들 수 있다. 연인들의 데이트 코스에서 빠질 수 없는 것은 영화관람일

★ 츠타야 서점 분점 이용객 분석과 서비스 전략

★ 영화 관람객을 위한 쿠오레 프라이빗 키친의 메뉴

것이다. '영화의 재미와 감동을 더 특별한 추억으로 남길 수 있는 방법
은 무엇일까?'라고 고객중심으로 생각하고 접근한 홍콩의 '쿠오레 프라
이빗 키친'은 영화 장면에 맞춘 다양한 요리로 연인 고객들에게 더 특별
한 추억을 선사한다.

두 주인공의 로맨스 장면에는 부드러운 맛의 요리, 자동차 추격과 같
은 격렬한 장면에는 강렬한 향의 요리, 씁쓸한 결말 장면에는 쌉싸름한
요리를 선보인다. 영화 장면에 맞춰 나오는 요리는 영화 장면을 더욱
생생하게 해 줄 뿐만 아니라 요리의 맛을 더욱 인상 깊게 만들었다.

이번에는 네덜란드 슈퍼마켓 체인 '알버트 하인 허브가든'을 소개하
겠다. 네덜란드 유명 슈퍼마켓 체인 '알버트 하인'을 가장 많이 찾는 주
고객은 가족의 건강을 책임지는 주부이다. '고객은 마켓을 찾을 때 무엇
을 가장 원할까?'라는 철저히 고객중심으로 생각해 낸 결과 다른 마켓에

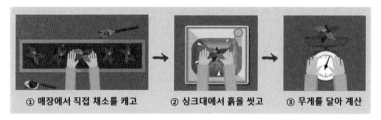

① 매장에서 직접 채소를 캐고 → ② 싱크대에서 흙을 씻고 → ③ 무게를 달아 계산

★ 알버트 하인에서 채소 구입 절차   출처 아이디어 고릴라 www.ideagorilla.com

서는 볼 수 없는 진짜 신선한 채소를 고객에게 제공하게 되었다.

채소는 땅 속에 있을 때 가장 신선하다. 그래서 '알버트 하인'은 매장에 농장을 만들었다. 농장 운영 방법은 이렇다. 매장 내 농장에서 싱싱한 채소를 직접 캐고, 싱크대에서 흙을 씻어 무게를 달아 계산하는 것이다. 고객에게 주말 농장에서 싱싱한 채소를 직접 수확하는 기분을 느끼게 해주고 덩달아 아이들에게는 농장 체험까지 더해지니 주 고객인 가족 또는 주부 고객의 만족도를 높일 수 있었다.

고객이 다시 찾아오도록 마음을 사로잡는 방법에서 가장 중요한 것은 '고객이 진짜로 원하는 것이 무엇인지 고민하는가?'이다. 주요 고객은 누구인지를 정확히 인지하고 고객의 입장이 되어 보는 것, 고객의 기분으로 느껴보는 것, 이처럼 고객중심으로 생각해 보면 고객이 정말로 원하는 소중한 가치를 찾을 수 있다.

CHAPTER 6

불필요한 요소는 모두 뺀
단순함으로 고객 마음 사로잡기

더는 뺄 것이 없는 상태, 가장 간결하고 심플한 형태의 본질을 추구하는 것을 미니멀리즘Minimalism = Simple is the best이라고 한다. 이것은 복잡한 절차와 불필요한 정보 등에 지친 고객이 미니멀리즘을 환영하는 이유 이다. 좋았던 경험을 찾아 재방문, 재가입하게 되는 고객 경험 속 미니 멀리즘에 대해 살펴보자.

먼저 미국 프로틴 바 '알엑스바RXBAR'를 들 수 있다. 식사 대용으로 인기를 얻고 있는 프로틴 바는 미국 내 2,000여 개의 브랜드가 존재할 정도로 경쟁이 치열하다. 그런 상황에서 미국 고객이 사랑하는 브랜드 3위 (2017. instacart 식품부분 조사 결과)에 이르며 인기를 얻고 있는 알엑스바의 비결은 무엇일까?

고객에게 사랑 받는 알엑스바의 비결은 오로지 고객이 원하는 본질 만 남기고 모두 빼버렸기 때문이다. 제품 포장에는 오직 고객이 궁금해

1 고객의 관심을 끌기 위한 화려한 포장기술은 버렸다.

2 오직 고객이 궁금해 하는 제품 속 재료만을 크게 적어 놓았다.

3 첨가물(방부제, 인공 감미료)은 절대 넣지 않는다.

★ 알엑스바 인기 비결

하는 제품 속 재료만을 크게 적어 놓았다. 또한 첨가물(방부제, 인공감미료)은 절대 넣지 않는다.

다음으로 무인양품無印良品의 미니멀리즘을 들 수 있다. 의식주 일상에 필요한 모든 제품을 판매하는 무인양품, 영어이름은 MUJI로 현재 전 세계 800여 개 매장을 운영하며 연 매출 3조 원을 거두고 있다. 이렇듯 브랜드를 내세우지 않고도 고객의 발길을 사로잡는 방법은 무엇일까?

무인양품의 인기 비결은 단순함에서 느끼는 즐거움이다. 무인양품

도장이 없는	질 좋은 물건
브랜드가 없는	단순한 디자인

• 염색하지 않은 천연 소재
• 불필요한 장식은 제거
• 제품 어디에도 로고를 넣지 않음

★ 무인양품 인기 비결

매장을 가봤다면 여기서 말하는 단순함을 쉽게 이해할 수 있다. 염색하지 않은 천연 소재를 사용하고 불필요한 장식은 제거한다. 그리고 제품 어디에도 로고를 넣지 않는다. 화려함과 불필요한 요소에 피로감을 느낀 고객은 더 이상 뺄 것이 없는 가장 단순함을 추구하는 무인양품의 단골 고객이 된다.

그 다음으로 G9www.g9.co.kr의 쇼핑 미니멀리즘을 들 수 있다. 지금까지 쇼핑 사이트 공식은 상품 하나라도 더 보여주고 옵션 하나라도 더 붙이며 쿠폰 하나라도 더 달아서 화려한 배너와 팝업 광고로 고객을 지치게 했다. 이렇게 지친 고객을 자신만의 고객으로 만드는 쇼핑 사이트 G9만의 방법은 무엇일까?

다시 찾게 만드는 쇼핑 사이트 G9의 방법은 쇼핑하면서 겪는 불편함을 모두 빼는 것이다. 노 옵션을 적용해 처음 본 가격이 그대로 구매금액이 된다. 통합 검색창에 뜬 가격과 실제 사이트를 접속했을 때 가격이 다른 경우가 대부분이다. G9 사이트는 고객이 확인한 가격을 그대로 구매 금액이 될 수 있게 함으로써 신뢰를 얻고 있다. 무료 배송은 서울이든, 제주든, 전 상품 무료 배송이며 설치비도 무료이다. 또한 쿠폰을 적용해도 할인 제한 금액을 두지 않는다.

이처럼 더 무엇을 더 할까 보다는 더 뺄 것이 있는가에 집중하여 제품과 서비스 본연의 역할이 돋보인 미니멀리즘은 불필요한 요소와 복잡한 절차에 지친 고객들의 마음을 이해하는 또 하나의 고객 만족 포인트이다.

CHAPTER 7

고객의 감탄사를 유도하는 서비스 전략 가전매장 퍼치

고객 만족을 위해 와우 포인트Wow Point는 늘리고 페인 포인트Pain Point를 줄여야한다. 와우 포인트는 고객의 기대 수준 이상의 서비스를 제공함으로써 경쟁사와 차별화된 요소로 확대 대상을 의미한다. 이것은 고객에게 더 기분 좋고 특별한 경험을 만들어주며 "와우-Wow! 이런 배려까지!" 라며 탄성을 부르게 되는 요소이다. 이에 반해 페인 포인트는 고객의 기대수준 이하의 서비스로 짜증나고, 지치고, 번거로우며, 불편하게 만드는 것으로 고객이 외면하게 되는 요소로 제거 대상을 의미한다. 그렇다면 고객 만족의 핵심인 와우 포인트를 실천하는 미국 가전매장 퍼치Pirch의 사례를 살펴보자.

모든 물건을 온라인으로 파는 시대에 오직 오프라인으로만 가전을 판매하는 퍼치는 미국 10개 매장 운영하며 2016년 매출만 3억 달러에 이른다.〈뉴욕타임스〉등 미국 매체들은 '아마존, 월마트 등 거대 기업들

사이에서 유독 잘 성장하고 있는 소매 기업'이라고 평가할 정도이다. 그렇다면 이들의 차별화점은 무엇일까?

먼저 오프라인 장점을 극대화하였다. 퍼치의 직원이 고객을 맞이하는 모습은 조금 더 특별하다. 가전매장 퍼치에 전시되어 있는 제품들을 사용해 직접 피자와 생과일 주스를 만들어 대접한다. 고객은 마치 홈 파티에 초대된 느낌을 받으며 퍼치만의 기분 좋은 고객 경험이 시작됨을 알린다. 다 먹은 식기류는 설거지를 하고 식기 건조기에 말리는데, 이로써 고객은 진짜 살림살이를 보는 것처럼 제품의 장·단점까지 정확하게 파악할 수 있다.

두 번째로 전문가와 함께하는 제품 체험 행사를 들 수 있다. 퍼치의 최고 경영자인 제프리 시어스Jeffery Sears는 형광등 아래에 제품을 전시하지 않고, 제품 가격표를 표시하지 않는다는 경영 철학을 가지고 있다. 그래서 퍼치 매장에는 고객의 놀이터가 될 수 있도록 재현해 놓았다.

주방 가전 코너에는 판매 중인 가전 제품을 이용해서 평소 만나기 힘든 유명 셰프가 요리 수업을 진행한다. 고객은 유명 셰프와 함께 요리를 만들며 잊지 못할 추억을 만든다. 직접 주방 가전이 어떻게 작동되는지 체험까지 하게 되니 제품에 대해서 구구절절 소개하거나 설명이 필요 없게 된다.

세 번째 와우 포인트는 언제든지 고객 체험을 할 수 있게 한 점이다. 고객이 모든 것을 부담하지 않고도 무료로 체험해 볼 수 있는 것이 퍼치 매장만의 특별한 점이다. 매장에서 판매되고 있는 가전, 가구, 욕실제품이 전기, 수도, 배관 등 설치되어 있어 실제로 사용해 볼 수 있다.

각 매장별 20~30개의 욕조와 샤워 부스가 있는데 3일 전 예약으로 직접 체험해 볼 수도 있다. 한 고객은 "와우! 매장에서 직접 욕조를 체험해 볼 수 있다니! 새로운 경험에 놀라고 선택에 확신이 생겼어요"라며 한 매체를 통해 소감을 전했다. 욕조에 물을 받고 직접 누워 체험해 보는 것만큼 정확한 선택이 어디있겠는가. 고객이 퍼치 매장을 계속 찾게 되는 이유가 바로 이것이 아닐까 싶다.

퍼치에서의 모든 무료 체험은 어떤 결과로 이어질까?

첫째, 추가 구매로 이어진다. 퍼치 고객 구매 패턴 분석 결과 고객은 다양한 체험을 통해 사려던 제품은 물론 다른 제품까지 추가로 구매했다고 밝혀졌다.

둘째, 소비자의 신뢰가 상승한다. 고객은 직접 만져보고 작동해 본 제품에 더 애착과 믿음을 느끼게 된다. 체험 후 구매한 제품은 오히려 반품이나 환불이 적고 잠재고객에게 추천하게 된다고 한다. 이처럼 무료 체험은 결국 고객 만족으로 이어져 매출 향상과 바로 연결되는 선순환의 구심점이 되고 있다.

CHAPTER 8

고객의 다양한 취향을 존중하는 조용한 관심, 언택트 서비스

"어서오세요. 찾으시는 제품 있으세요?"

누구나 오프라인에서 쇼핑할 때 직원이 인사하며 다가와 제품을 추천하고 설명하는 적극적인 서비스를 받아본 경험은 있을 것이다. 그런데 이런 서비스가 오히려 고객 불만의 원인이 되고 있다. 고객 대상 설문조사(일본 어반 리서치)에 따르면 '자신이 쇼핑 페이스에 맞춰 물건을 사고 싶으니 점원이 말을 걸지 않았으면 좋겠다', '직원이 말을 걸어오면 부담스럽다', '긴장된다'는 의견이 많았다. 그래서 최근 고객 개인의 취향을 존중해주는 언택트 서비스가 새로운 고객 경험 서비스로 떠오르고 있다. 여기서 언택트란 언Un과 컨택트Contact 두 글자가 합쳐져 '접촉하지 않는다'는 의미가 된다. 부담스러운 서비스를 지양하는 신조어이다.

그 좋은 사례로 일본의 '혼자 구경할게요' 쇼핑백을 들 수 있다. 일본

★ 조용하게 운행한다는 미야코 택시

한 의류업체는 '혼자 구경할게요' 쇼핑백을 들고 있는 고객에게는 적극적인 응대나 제품의 추천보다 편하게 쇼핑할 수 있도록 배려하며 필요를 요청할 때 적극적으로 서비스를 제공한다.

두 번째로 일본의 미야코 택시가 이를 실천한다. 일본의 미야코 택시를 타면 '운전사가 고객에게 말을 거는 것을 삼가고 조용한 차내를 제공하고 있습니다'라고 앞 좌석 고객의 눈에 잘 보이는 헤드 부분에 적혀 있다. 일본 교토시의 미야코 택시사의 조용한 택시 운전기사는 승객에게 목적지를 묻거나 요금을 알려줄 때와 승객이 먼저 말을 걸 때만 대화를 한다고 한다.

물론 국내에도 이러한 사례를 찾아 볼 수 있다. 앞서 한 차례 언급한 바와 같이 이니스프리에서는 '혼자 볼게요'와 '도움이 필요해요' 바구니로 나누어 고객에게 제공된다. 국내 화장품 브랜드 이니스프리는 국내

최초 고객의 마음을 직원들이 읽을 수 있도록 매장 입구에 두 가지 종류의 '내 마음 쇼핑 바구니'를 설치해 두었다. 이를 경험한 고객의 만족은 현저하게 높아지며 이니스프리를 벤치마킹한 다른 업체 매장에서도 이 바구니를 활용하고 있다.

고객들마다 성향이 다르듯 원하는 서비스 방식도 제각각이다. 그러다 보니 적극적인 서비스를 우선시하던 곳에서도 '언택트 서비스' 혹은 '취향 존중 서비스' 등 고객의 성향에 따른 서비스가 확산되고 있다. 지나친 관심으로부터 방해 받기 싫어하는 고객 니즈에 맞추고 도움이 필요한 고객에게 더욱 집중할 수 있게 된 것이다. 이러한 언택트 서비스는 2배의 긍정적인 효과를 낼 수 있는 새로운 고객 만족 경험으로 주목 받고 있다.

★ 이니스프리의 두 종류의 쇼핑 바구니

CHAPTER 9

사소한 변경, 작은 변화로
고객의 마음을 사로잡는 법

"통화가 끝나는 대로 연결해드리겠습니다."

"예상 대기 시간은 ○○분 ○○초입니다."

이와 같이 고객이 가장 많이 접촉하는 콜센터의 첫 경험은 딱딱한 기계가 안내해 주는 대기 안내 음성이다. 그런데 콜센터의 직원들 중에는 술주정, 성희롱에 부모님 욕까지 근무 중 언어폭력을 경험한 적이 있다고 답한 사람이 93.3%였으며, 언어폭력에 콜센터 근무자의 74%는 그냥 참고 넘긴다고 답했다(콜센터 근무자 1,128명을 대상 설문조사 결과).

'마음 이음 연결음'은 민원을 제기하는 고객의 마음을 진정시키는 효과를 내고 상담사의 근무만족도를 높이기 위해 시작되었다. 통화 연결음인 상담사와 연결되기 전 "세상에서 가장 사랑하는 우리 엄마가 상담해 드릴 예정입니다", "연결해드릴 상담사는 소중한 제 딸입니다" 등의

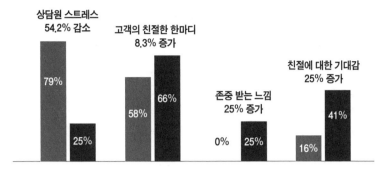

가족이 직접 녹음한 통화 연결음을 사용했다. 상담사가 누군가에게는 소중한 가족이라는 것을 고객에게 알려주어 고객은 상담사를 정중하게 대하게 되며, 상담사 역시 친절하게 응대해 원활한 상담으로 이어지고 있다고 한다.

고객 40% 가량이 상담태도가 바뀌었다고 답했고, 상담사의 스트레스는 54.2% 감소하고, 존중 받는 느낌은 25% 증가해 근무 만족도도 높아지는 결과가 나타났다. 마음 이음 연결음을 통해 고객과 직원의 만족도를 높이고 있는 국내 기업으로는 GS칼텍스, 한국GM, LG U+, 롯데백화점 등이 있다. '나의 가족이 응대하고 있습니다' 감성을 터치하는 마음 이음 연결음은 서로 존중하는 문화와 소중한 가족이라는 것을 일깨워준다.

카페를 통해 알아보는 역발상의 고객 경험 전략

답답하고 먼 도서관이나 학교보다는 자유롭고 가까운 카페에서 공부하는 것이 마음 편하다는 카공족(카페에서 공부하는 사람)과 코피스족(카페에서 일하는 직장인). '공부나 독서, 노트북 작업을 위해 주로 찾는 공간은 64.9%가 카페'라는 설문조사 결과가 발표되었다.

한 대학가 카페에서 강한 후렴구로 인해 수험생들 사이에서는 수능 금지곡으로 통하는 CM송이 흘러나오는 이유는 무엇일까? 이유는 시험 기간만 되면 카페에서 제일 값싼 커피만 시켜놓고 온종일 앉아있는 손님 때문이라고 한다. 커피 한 잔을 5,000원이라고 가정할 때, 한 사람이 최소한 2시간마다 한 잔씩은 주문해야 수익이 남기 때문에 와이파이를 끊으면서까지 테이블 회전에 도움이 되지 않는 일명 카공족, 코피스족을 피하는 것이 일반적이었다.

하지만 카페의 불청객으로 알려진 카공족과 코피스족 또한 놓칠 수 없는 주요 고객이라는 인식이 강해지고 있다.

★ 카공족(좌)과 코피스(우)의 뜻

커피 판매만 집중하겠다는 C사 커피전문점은 카공족의 외면에 두 손을 들고 뒤늦게 와이파이와 충전시설 등을 매장에 확장하게 되었다. 카공족의 성지라고 불리우는 스타벅스는 혼자 앉기 편한 일렬 좌석을 배치하고, 투썸플레이스는 회의나 스터디를 할 수 있는 커뮤니티 테이블을 마련해 놓았다. 엔제리너스에는 콘센트와 칸막이가 설치된 1인 좌석이 있으며 할리스 커피에도 콘센트와 스탠드가 설치된 1인 좌석을 비치하고 있다.

기존에는 커피 등 음료를 마시며 대화를 나누던 공간이던 카페는 시대가 변함에 따라 또 다른 복합 문화공간으로 거듭나고 있다. 고객이 원하는 고객 경험을 적극 수용해 원동력으로 삼은 역발상, 문제 속에서 해답을 찾는 좋은 방법이 될 수 있을 것이다.

고객관점에서 시작한 차별화 전략 미쉐린 가이드

미쉐린 가이드는 해마다 가장 뛰어난 레스토랑을 선정해 미쉐린 스타를 부여한다. 프랑스 타이어 회사인 미쉐린은 동글동글한 캐릭터로 잘 알려져 있으며 현재 세계 최대 규모의 타이어 제조 기업으로 인정받고 있다. 이처럼 어울릴 것 같지 않은 타이어 회사 미쉐린과 레스토랑 안내서의 만남은 어떻게 시작되었을까?

19세기 말 자동차는 3천 대가 채 되지 않았고 미쉐린은 한정된 고객층의 마음을 사로잡기 위해 차별화 전략을 세우게 된다. 그것은 바로 '고객 관점에서 고객의 소리를 듣는 것'이었다. 평소 여행을 떠나고 싶

★ 미쉐린 가이드 1900년 판

어도 마땅한 정보가 없어서 여행을 떠날 수 없는 고객의 이야기를 듣고
여행정보(지도, 주유소, 호텔, 음식점 등)를 담은 1900년 최초의 '미쉐린 가
이드'를 발간하게 된다.

　미쉐린 가이드의 등급은 1926년 평점 좋은 음식점에 별점을 부여하
며 생긴 것으로 음식의 맛과 가격, 서비스, 분위기 등을 총 3가지 등급
으로 구별하고 있다. 별의 개수가 많을수록 더 높은 가치를 의미하며
별 3개 최고 등급을 받은 음식점은 전 세계에서 약 100여 곳뿐이라고
할 만큼 그 가치는 대단하다. 미쉐린 가이드는 편리한 정보 제공뿐만
아니라 정확성으로 전 세계 미식가와 여행객으로부터 최고의 맛을 가
진 음식점으로 인정받고 있다.

　그렇다면 미쉐린 가이드의 평가 기준은 어떻게 될까? 미쉐린 가이드
를 선정하기 위해서는 여러 명의 평가단이 고객으로 가장해 1년에 5~6
차례 방문한다. 평가 기준은 전 세계 동일하게 적용되며 평가단의 만장

일치를 통해서만 결정된다. 요리 재료의 수준, 개성과 창의성, 풍미의 완벽성, 가격에 합당한 가치, 전체 메뉴의 통일성과 언제 방문해도 변함없는 일관성이 평가 기준이며 식당에서 제공하는 서비스와 분위기를 참고하여 평가한다.

우리나라 역시 미쉐린 가이드에 소개되고 있다. 국가가 아닌 도시를 기준으로 선정되는 만큼 서울을 대상으로 '최고의 맛을 가진 음식점'을 선정해 공개한다. 전 세계에서 28번째, 아시아에서는 4번째이다. '2017 서울 미쉐린 가이드'를 시작으로 '2019년 미쉐린 in 서울'의 세 번째 에디션이 발간되었다.

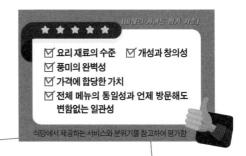

★ 미쉐린 가이드 평가 기준

출처 www.freepik.com

미쉐린 가이드의 성공 요인은 조금 더 즐거운 자동차 여행이 되길 바라는 마음을 담아 고객관점에서 고객의 편의를 위한 차별화된 정보 제공이었다.

시대가 바뀌면 고객이 바뀌고 고객이 바뀌면 방법을 바꿔야 한다. 이제 시대는 아주 빠른 속도로 변하고 있다. 시대 변화의 속도만큼 빠르게 변하는 고객의 마음을 사로잡기 위해서는 고객이 진정 원하는 것 Want이 무엇인지를 고객관점에서 파악하고 고객이 어떨 때 가장 좋아하는지Like를 찾는 것이다.

에필로그

상식이 통하는
고객 만족을 꿈꾸며

'기업 고객 만족 책임자, 기업 사내 CS 강사, 기업 서비스컨설턴트'

이렇듯 각자의 역할은 다르지만 교집합이 존재하는 필자들은 매일 반복되는 일상 속에서 다가오는 미래에 대한 두려움을 함께 마음에 품고 있었다.

'뭔가 새로운 일이 없을까? 뭔가 즐거운 일이 없을까?'

늘 고민하던 어느 날 문득 생각해낸 것이 바로 '고객 만족을 다시 정리하는 것'이었다. 이렇게 생겨난 이름이 바로 '다시 해석하는 써비스, 다해써'이다. 고객 만족과 관련한 일을 해온 경력이 벌써 강산이 한번 변하고도 남은 우리는 새로운 일탈을 만들어보고자 오디오 클립을 기획하게 되었고 생각보다 일은 순탄하게 진행되었다. 녹음을 하기 전, 사례를 찾아보며 '고객 만족에 정답이 있다면 얼마나 좋을까?'라는 생각을 자주 하게 된다.

이 글을 쓴 필자 또한 기업에서 전문 강사로 오랫동안 임직원을 대상으로 고객 만족을 강의했지만 이상과 현실은 너무나 다른 것이 고객 만족이다. 실제 매년 연말이 다가오면 '고객 만족 대상, 소비자 만족 1위' 등 고객관련 수상 타이틀이 협회에 돈을 내고 받는 것이라는 사실을 고객들이 안다면? 그것과 상관없이 그럼에도 불구하고 이용했을까?

고객 만족 대상을 받기 위해 설문조사를 해야 하는 고객까지도, 내부 직원 대상 조직의 만족도 설문조사까지 어느 정도 이미 내정되어 있다는 사실을 알게 되면서 고객 만족을 다시 생각해 보게 되었다.

고객 만족은 절대적인 것이 없다. 그래서 쉬지 않고 노력해야 하고 다양한 방법을 시도해야하며 차별화해야 한다. 하지만 대부분의 조직에서 고객 만족은 러닝 머신 같이 운영하고 있는 것이 현실이다. 다시 말해 각 분야에서 다들 온힘을 다해 뛰고 있다지만 결국 제자리에서 열심히 뛰는 러닝머신 위의 노력으로는 고객 만족을 시킬 수 없다는 얘기다.

고객 만족을 최우선으로 생각한다는 기업의 광고, 하지만 그 기업의 내면을 들여다보면 CS부서는 좌천되어 가는 곳으로 인식되어 있거나, 기업 경영에 위기가 느껴지면 제일 먼저 CS 교육을 줄인다. CS 강사들을 계약직으로 채용하는 것만 봐도 그 기업이 생각하는 CS 수준을 알 수가 있지 않은가. 직장인의 신분으로, 특히 그 조직의 일원으로는 제대로 된 고객 만족의 방향을 제시할 수가 없었다. 그리고 우리는 고객 만족을 다시 정의해 보기로 했다.

우리가 감히 꿈꿔보는 고객 만족은 바로 '상식이 통하는 것'이다.

고객은 정당한 대가의 지불하에 그에 맞는 서비스를 요청하며 회사는 제공하는 서비스 가이드라인을 만들어 서비스를 제공한다. 고객이 느끼기에 서비스가 부족하거나 불만족스럽다면 회사는 대안 제시를 하고 문제 해결을 위해 애써야 한다. 지극히 평범하고 교과서 같은 답이지만 이것을 지키는 것이 가장 어려울 것이다.

언제까지 고객은 갑이고 직원은 을로 지낼 수는 없다. 고객이 부당한 요구를 할 때 직원이 거절할 수 있고, 직원이 대접을 소홀히 할 때 고객도 항의할 수 있는 시대가 빨리 왔으면 좋겠다. 이런 생각으로 오늘도 고객 만족을 재해석해본다.